# MODELAGEM ECTA
## DUPLIQUE O TAMANHO DE SUA EMPRESA OU SAIA DA CRISE E VOLTE A CRESCER

Editora Appris Ltda.
1.ª Edição - Copyright© 2022 do autor
Direitos de Edição Reservados à Editora Appris Ltda.

Nenhuma parte desta obra poderá ser utilizada indevidamente, sem estar de acordo com a Lei nº 9.610/98. Se incorreções forem encontradas, serão de exclusiva responsabilidade de seus organizadores. Foi realizado o Depósito Legal na Fundação Biblioteca Nacional, de acordo com as Leis n.os 10.994, de 14/12/2004, e 12.192, de 14/01/2010.

Catalogação na Fonte
Elaborado por: Josefina A. S. Guedes
Bibliotecária CRB 9/870

| | |
|---|---|
| B699m<br>2022 | Bonato, Carlos<br>    Modelagem Ecta : duplique o tamanho de sua empresa ou saia da crise e volte a crescer / Carlos Bonato. - 1. ed. – Curitiba : Appris, 2022.<br>    139 p. ; 23 cm.<br><br>    ISBN 978-65-250-2553-7<br><br>    1. Planejamento empresarial. 2. Sociedades comerciais - Recuperação. 3. Crescimento. I. Título.<br><br>                                                  CDD – 658.4012 |

Editora e Livraria Appris Ltda.
Av. Manoel Ribas, 2265 – Mercês
Curitiba/PR – CEP: 80810-002
Tel. (41) 3156-4731
www.editoraappris.com.br

Printed in Brazil
Impresso no Brasil

Carlos Bonato

# MODELAGEM ECTA
DUPLIQUE O TAMANHO DE SUA EMPRESA
OU SAIA DA CRISE E VOLTE A CRESCER

## FICHA TÉCNICA

| | |
|---|---|
| EDITORIAL | Augusto V. de A. Coelho |
| | Marli Caetano |
| | Sara C. de Andrade Coelho |
| COMITÊ EDITORIAL | Andréa Barbosa Gouveia - UFPR |
| | Edmeire C. Pereira - UFPR |
| | Iraneide da Silva - UFC |
| | Jacques de Lima Ferreira - UP |
| ASSESSORIA EDITORIAL | Raquel Fuchs |
| REVISÃO | Ana Lúcia Wehr |
| PRODUÇÃO EDITORIAL | Bruna Holmen |
| DIAGRAMAÇÃO | Jhonny Alves dos Reis |
| CAPA | Sheila Alves |
| COMUNICAÇÃO | Carlos Eduardo Pereira |
| | Débora Nazário |
| | Karla Pipolo Olegário |
| LIVRARIAS E EVENTOS | Estevão Misael |
| GERÊNCIA DE FINANÇAS | Selma Maria Fernandes do Valle |

# Agradecimentos

Agradeço à minha família, por sempre me apoiar no trabalho e na elaboração deste livro. Agradeço, também, aos amigos que contribuíram para a elaboração desta obra.

# SUMÁRIO

**INTRODUÇÃO** .................................................................. 9

**1**
**OS DESAFIOS DA GESTÃO ESTRATÉGICA** ....................... 13

**2**
**ESTRUTURANDO UMA ESTRATÉGIA QUE GARANTA CRESCIMENTO SUSTENTÁVEL** .................................... 15

**3**
**ASSEGURANDO A CAPACIDADE DE EXECUÇÃO ESTRATÉGICA** ............................................................. 23
    Disciplina ..................................................................... 23
    Capacidade de correção de rumo .................................. 24
    Alinhamento estratégico ............................................... 26
    Engajamento emocional das pessoas ............................ 29

**4**
**CONSTRUINDO E EXECUTANDO ESTRATÉGIAS** ............... 31
    Histórico da gestão estratégica ..................................... 33

**5**
**MODELAGEM ECTA** .................................................... 51

**6**
**MODELO DE GESTÃO ESTRATÉGICA NA PRÁTICA – CASOS DE SUCESSO** ................................................... 55
    Recuperação judicial e turnaround: o caso da Açometal ........ 55
    Planejamento estratégico para crescimento: o caso do Apsen ... 73
    União Química: planejamento em constante evolução ........ 95
    Depois da bonança, a tempestade: o caso do Grupo In Press ..... 111

# 7
# OS SEGREDOS DO SUCESSO DA GESTÃO ESTRATÉGICA ...... 129
## O que podemos aprender ............................................. 129
## Os cinco segredos do sucesso da gestão .............................. 133
### Ambição ....................................................... 133
### Diferencial .................................................... 134
### Disciplina .................................................... 136
### Alinhamento ................................................... 136
### Time campeão .................................................. 137

# Introdução

A estratégia visa a manter uma empresa crescendo de forma sustentável, gerando valor para seus *stakeholders*. É sinônimo de sucesso, de vitória – ou deveria ser. Esta obra: *Modelagem Ecta,* é o resultado de minha experiência em mais de 500 empresas dos mais diversos setores, nos últimos 18 anos, atuando como consultor, conselheiro e professor da Fundação Dom Cabral (FDC[1]), em Belo Horizonte. Ele traz a essência da estratégia para as organizações e mostra o caminho do sucesso de sua execução.

É importante entendermos que a estratégia não é apenas um plano de ação detalhado, mas um conjunto de objetivos estratégicos que fornece coerência e direção para decisões e ações.

Uma empresa existe para crescer de forma sustentável e gerar valor. Para que isso ocorra, necessita-se entender o contexto em que ela está inserida, as tendências que surgem no mercado, os movimentos dos concorrentes e, principalmente, os comportamentos de seus clientes, antecipando-se à concorrência, aproveitando oportunidades e evitando eventuais crises.

Quando uma empresa cresce, ela demanda investimento em ativo permanente e capital de giro. As três grandes fontes de capital são: o caixa da operação, o endividamento externo e o aporte dos acionistas. Se uma empresa enfrenta uma crise por falta de compreensão dos movimentos de mercado ou por algo imprevisível, ela deve, imediatamente, parar de focar no crescimento e concentrar-se na reestruturação, para voltar a crescer de forma sustentável. Nosso modelo permite que a empresa entenda o estágio em que se encontra e possa preparar-se e utilizar das melhores ferramentas e práticas para maximizar a geração de resultado. Também permite que a empresa perceba se seu modelo estratégico está próximo de um esgotamento, possibilitando que se movimente em direção à busca de um novo modelo estratégico.

A Modelagem Ecta (Estratégia de Crescimento ou *Turnaround*), proposta nesta obra, pode ser aplicada em qualquer organização e segmento de mercado, levando em conta algumas particularidades de cada um, tais como: ciclo de desenvolvimento e visão de longo prazo (10 anos, em geral), para a indústria farmacêutica; flexibilidade e curto prazo, para *startups*; mudança da cúpula e manutenção da base, para as empresas estatais; ciclo das safras, para o agronegócio; e ciclo dos empreendimentos, para a construção civil.

---

[1] Fundação Dom Cabral (FDC).

A Modelagem Ecta já fez a diferença em muitas empresas, como veremos neste livro, no qual serão detalhados cinco casos de sucesso em que utilizamos essa metodologia. Nesses exemplos, as empresas mais que duplicaram seu tamanho entre quatro ou cinco anos ou saíram de uma crise que as estava levando à insolvência. Em uma das empresas, foi necessário entrar em recuperação judicial, para aplicar a metodologia.

Ao longo de nove anos como executivo (Siemens, Grupo Pitágoras e Pif Paf Alimentos) e 18 anos como consultor, avaliei a estratégia e a capacidade de execução estratégica de diversas empresas.

De 1995 a 2001, fui executivo da multinacional Siemens, que, até essa época, era um ícone em gestão estratégica, atuando quase dois anos na Alemanha. Em 1999, terminei o MBA em Marketing Estratégico pela ESPM, com o trabalho final "A elaboração do planejamento estratégico do exército de salvação", que levou o prêmio "Andersen Consulting de melhor planejamento estratégico do ano". De 2001 a 2003, fui executivo do Grupo Pitágoras, que hoje forma um dos maiores Grupos de Educação do Mundo – Kroton Educacional, hoje Cogna Educação. A partir de 2003, larguei a carreira de executivo para aceitar um convite da Fundação Dom Cabral para ser professor e consultor. Nesse período, atuei como professor, conselheiro e consultor de gestão estratégica e finanças de centenas de empresas, como:

- Multinacionais: Grupo Fiat, Bunge, Aracruz, BASF, Coca-Cola, Generalli, Hamburg Süd, Iochpe Maxion, Iveco, Medley, Merial, L'Oreal, JBS Couros, Renault, Anglogold, Banco Fidis, Comau, FMC, Syngenta, Magneti Marelli, McDermott, RHI Magnesita;

- Grandes empresas nacionais: Agrex, Amil, Apsen, Construtora Galvão, Construtora Galvão, Construtora Mendes Junior, Construtora Aterpa, Petros, Funcef, Postalis, Dadalto, EMS, União Química, Bombril, Cooperforte, Unimed BH, Eurofarma, Grupo Simões, SPAIPA, Manserv, Petrobahia, SEP – Palmeiras, Pif Paf Alimentos, Sicredi, Tangará Foods, Grupo Jorlan, Urbano, Wilson Sons (Salvador), Terra Santa Agro, Santa Casa BH, Agroterrenas;

- Pequenas e médias empresas: BMB Mode Center, Agrofield, Agrológica, Unimed Volta Redonda, Librelato, Mundial Atacadista, Ourolux, Siagri, Cereal Ouro, Sucos Tial, Agromave, Construtora Ápia, Construtora Habit, Construtora Norcon, Construtora Somatos, Construtora RKM, Grupo In Press, Incorporadora ACS, Intensive Care, M2M,

Tecnofibras, Perimetral, Concessionárias 35 e Ariel, Açometal, CCR Atacadista de Alimentos, Móveis Belo, TOC Transportadora;

- Empresas públicas e governos: Empresa de Pesquisa Energética – EPE, Banco de Desenvolvimento de Minas Gerais – BDMG, Companhia de Pesquisa de Recursos Minerais – CPRM, Tribunal de Contas da União – TCU, Secretaria de Defesa de Minas Gerais, Governo de Minas Gerais e Secretaria da Fazenda da Bahia.

Em nossos estudos, levantamos as metodologias e variáveis envolvidas no processo de planejamento estratégico e execução utilizadas pelas empresas, como: o processo de reflexão sobre a ambição estratégica; o perfil profissional das pessoas envolvidas na análise estratégica; o processo de formulação estratégica; a forma de desdobramento e de comunicação da estratégia, o processo de capacitação; o alinhamento entre a estratégia e o sistema de consequência; o alinhamento da estratégia aos processos e ao orçamento; a metodologia de acompanhamento de resultado e sistema de cobrança; e as pessoas envolvidas nas reuniões de evolução da estratégia.

Essa experiência permitiu avaliar e adaptar modelos existentes, mas também criar um modelo próprio, a fim de contribuir para o sucesso das organizações, desenvolvendo um modelo de gestão estratégica que possibilitou às empresas se repensarem continuamente com foco no crescimento estratégico e, também, salvar empresas da crise para colocá-las novamente para crescer de forma sustentável.

Com este livro, visamos a responder alguns questionamentos que ouvimos de empresários e executivos. Portanto, ao terminá-lo, você será capaz de:

- **identificar** se o modelo estratégico de sua empresa está se esgotando.

- **mapear** potenciais novos caminhos para o sucesso estratégico de sua empresa.

- **identificar** os diferenciais de sua empresa e o tempo de duração de tais diferenciais.

- **definir** os colaboradores que devem participar do processo de gestão estratégica.

- **criar** uma estratégia de *turnaround* para sair de uma crise.

- **definir** a melhor ferramenta para aplicar na empresa, dependendo de sua capacidade de se endividar, gerar resultados e caixa.

- **potencializar** a execução e o resultado por meio do engajamento emocional das pessoas.

- **disciplinar** a empresa a atuar em suas prioridades estratégicas.

- **alinhar** os processos e o orçamento à estratégia.

Ao compreender tais questões, você será capaz de enfrentar um contexto hipercompetitivo, com mudanças comportamentais dos clientes e tecnológicas, as quais fazem modelos estratégicos se esgotarem em altas velocidades, além de ser capaz de tirar sua organização de uma crise, de forma muito mais rápida e segura.

Como muitas empresas pecam na qualidade da estratégia, não percebem que seu modelo já se esgotou, que falharam na execução da estratégia e não conseguem repensar-se ou que falharam em conquistar o engajamento emocional das pessoas. Empresários e executivos buscam sempre vários meios para tornar seu negócio um sucesso. Nossa percepção é que muitos falham. O desafio de enfrentar o contexto atual é muito mais difícil do que esperam.

Acreditamos que a metodologia da Modelagem Ecta contribuirá com o sucesso de muitas outras empresas, além daquelas citadas aqui, sendo um modelo a seguir ou uma inspiração para que essas empresas adaptem à sua realidade com sucesso.

# 1

# Os desafios da gestão estratégica

Mais do que nunca, percebemos que a competitividade das empresas está intimamente relacionada à sua capacidade de pensar e repensar estrategicamente seus modelos de negócios. Um ambiente altamente competitivo, permeado por turbulências no cenário econômico e político, frequentes mudanças no comportamento dos clientes e transformações tecnológicas cada vez mais aceleradas impõe fortes pressões aos modelos de gestão empregados pelas organizações.

Figura 1 – Modelo de gestão diante da hipercompetitividade

Fonte: o autor

Esse mundo dinâmico exige das organizações constante capacidade de se reinventarem e repensarem sua estratégia, que deve ser traduzida em um modelo de gestão da performance – com controles nos níveis estratégico e operacional. A gestão da performance contribui para a promoção do alinhamento em todos os níveis da organização. A estratégia, muitas vezes, traz mudanças, e o alinhamento também depende da compreensão dos pontos de resistência a tais mudanças e da capacidade da empresa de preparar o ambiente interno para facilitar a implementação estratégica.

Assim, tão importante quanto o planejamento estratégico é o processo de execução. O cenário planejado muda o tempo inteiro: ter foco também na execução estratégica passa a ser de suma importância para garantir o aprendizado e eventuais correções de rumo necessários para o alcance dos resultados almejados.

Diante dessas circunstâncias, as empresas precisam atentar para dois grandes desafios principais, caso queiram manter-se competitivas:

1. estruturar uma estratégia que garanta crescimento sustentável;
2. assegurar capacidade de execução dessa estratégia.

# 2

## Estruturando uma estratégia que garanta crescimento sustentável

Quando falamos em crescimento sustentável, estamos falando em conquistar resultados satisfatórios para os acionistas, construir uma imagem sólida no mercado e assegurar recursos para o futuro.

Para que esse crescimento não fuja ao controle dos executivos e se mantenha sustentável, é importante salientar dois conceitos fundamentais.

**Primeiro conceito:** eficiência na gestão dos custos, despesas e necessidade de capital de giro (NCG)

> *Necessidade de Capital de Giro ou NCG é um indicador que sinaliza se o valor que a empresa dispõe em caixa é suficiente para manter suas operações rodando. Envolve principalmente as contas de estoque, conta cliente e conta fornecedor.*

É importante entender que, quanto mais acelerado é o crescimento de uma organização, mais a operação pressiona por aumento de custos, despesas e capital de giro. Suponha que uma empresa fature R$ 100 mi por ano com 10% de Geração de Caixa Operacional e R$ 50 mi de NCG. Se tal empresa duplicar o tamanho em três anos, não alterando o número de dias de Prazo Médio de Recebimento, Pagamento e Estoque, necessitará de dobrar sua NCG – mais R$ 50 mi. Nesse mesmo período, gerará por volta de R$ 50 mi de caixa que irá totalmente para a NCG. Se o crescimento ocorrer em dois anos, a pressão será ainda maior, pois será capaz de gerar por volta de R$ 30 mi de caixa, tendo que realizar uma captação de R$ 20 mi para continuar a crescer, elevando seu nível de endividamento. Muitas vezes, ouvimos dos empresários – "estou crescendo, gerando resultado, mas não estou vendo a cor do dinheiro".

É necessário ser muito eficiente para crescer, seja para controlar a NCG, seja para controlar os custos e as despesas que eventualmente aumentarão. A eficiência, portanto, é condição básica para garantir a sustentabilidade dos negócios da empresa. O crescimento exigirá recursos da empresa, que, por sua vez, possui duas fontes para garantir esse recurso: geração de caixa operacional e endividamento. Caso a empresa consiga gerar caixa operacional satisfatório e tenha capacidade de se endividar, ela deve focar no modelo voltado ao crescimento – **estratégia para o crescimento**.

> *'Turnaround' é o processo por meio do qual empresas buscam "dar a volta" e se recuperar diante de situações de declínio. Ao longo do processo, são implantadas ações focadas em aumentar qualidade da receita, reduzir custos e despesas, reduzir NCG, renegociar dívidas e otimizar a gestão de ativos.*

Em contraponto, caso nos deparemos com um cenário de baixa geração de caixa, ou até mesmo de caixa negativo e um elevado nível de endividamento, devemos ligar o sinal vermelho. O crescimento nesse cenário será insustentável: em pouco tempo, a empresa piorará muito sua situação financeira. Nesses casos, no lugar de uma estratégia focada em crescimento, precisamos antes apertar os cintos e implantar o processo de *turnaround*.

## Estratégia de crescimento ou *turnaround*?

Para entender onde se encontra e qual deve ser o foco do modelo de gestão estratégica da empresa, empregamos uma ferramenta de diagnóstico, desenvolvida ao longo dos anos, com base na atuação e análise de dezenas de casos empresariais.

A ferramenta é uma matriz 3x3, na qual os eixos representam as fontes de recursos da empresa, sendo um dos eixos o nível de endividamento da empresa, medido pelo múltiplo do Ebitda ; e o outro, sua capacidade de geração de caixa operacional.

Ebitda *(earnings before interest, taxes, depreciation and amortization)*, – lucros antes de juros, impostos, depreciação e amortização, é um importante indicador para a geração de caixa da operação. Dependendo da capacidade de geração de caixa e do nível de endividamento de uma organização, maior ou menor será seu potencial para crescer. Se o endividamento é baixo, há espaço para captação externa de recursos para fomentar o crescimento, por exemplo.

Os fatores de multiplicação no eixo vertical foram estabelecidos a partir da experiência na condução dos processos de crescimento e *turnaround* em empresas de vários setores e, também, por meio de análises de padrões de mercado. Análises de crédito para concessão de empréstimos junto a bancos, por exemplo, consideram como saudável um endividamento de até duas vezes o Ebitda dos últimos 12 meses.

Figura 2 – Matriz diagnóstico

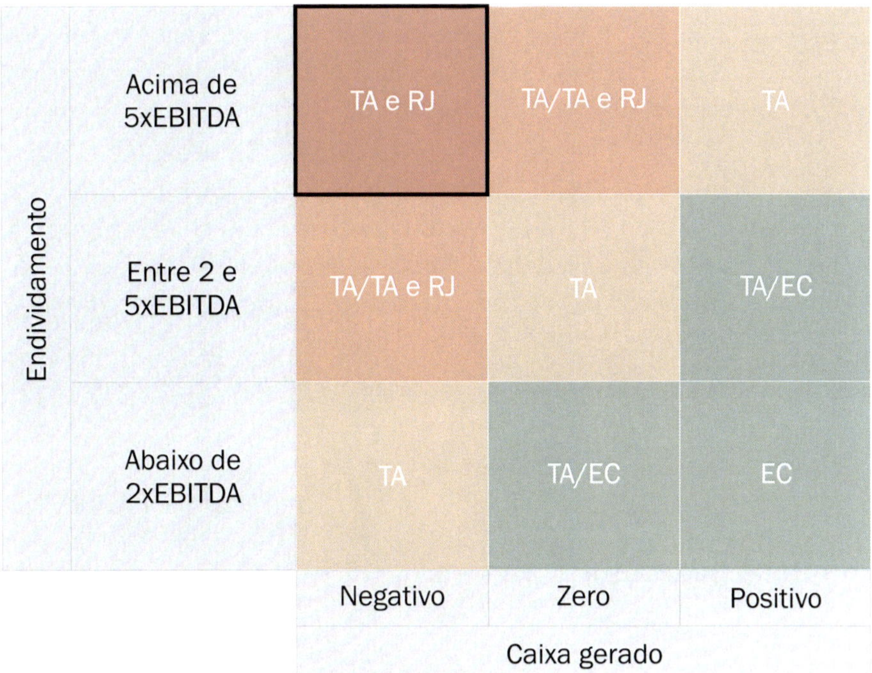

| Endividamento | Negativo | Zero | Positivo |
|---|---|---|---|
| Acima de 5xEBITDA | TA e RJ | TA/TA e RJ | TA |
| Entre 2 e 5xEBITDA | TA/TA e RJ | TA | TA/EC |
| Abaixo de 2xEBITDA | TA | TA/EC | EC |

Caixa gerado

Fonte: o autor

O quadrante em que a empresa se encontra determinará qual deverá ser o foco estratégico a ser perseguido: se estratégia de crescimento (EC), *turnaround* (TA) ou *turnaround* com recuperação judicial (TA e RJ). No exemplo da figura, percebemos que a empresa tem uma capacidade de geração de caixa negativa e um endividamento superior a cinco vezes seu Ebitda. Assim, de acordo com o diagnóstico, o foco deverá ser TA aliado à recuperação judicial (TA e RJ). Em situações muito críticas, quando o endividamento está acima de cinco vezes o Ebitda da empresa e a geração de caixa é negativa, faz-se necessário "blindar os ativos da empresa", por meio do processo de recuperação judicial, para aplicar o *turnaround*. O caso da Açometal, descrito neste livro, exemplifica bem o porquê de adotarmos essa estratégia.

É importante destacar que uma empresa nunca deveria sair do quadrante EC. Esse quadrante foca no crescimento e na geração de valor para os *stakeholders*. Quando uma empresa entra no quadrante TA, muda o foco da gestão, o qual passa a ser a redução do tamanho e a maximização da geração de caixa. Portanto, o TA tem que ser temporário, idealmente entre seis e 12 meses, quando se deve retornar ao quadrante EC. O TA e RJ devem levar, no máximo, dois anos. Quanto mais tempo a empresa fica no TA, mais ela prejudica seu posicionamento e o clima organizacional.

Há pontos essenciais para o sucesso da estratégia, que são comuns tanto para o *turnaround* quanto para a estratégia de crescimento. Chamamos esses pontos de **cinco segredos para o sucesso da gestão estratégica**, que serão descritos ao final deste volume. O que difere EC e TA é o foco a ser perseguido nas etapas de formulação e execução da estratégia.

Figura 3 – Segredos do sucesso da gestão estratégica

Fonte: o autor

**A essência da estratégia de crescimento** pode ser resumida em: focos estratégicos de crescimento e posicionamento estratégico. Existem três possibilidades de crescer:

1. maximizar valor central (crescer com os produtos e serviços atuais nos mercados atuais);
2. desenvolver plataformas adjacentes (desenvolver novos produtos ou serviços para os mercados atuais ou criar novos mercados para os produtos e serviços atuais);
3. entrar em novos negócios (negócios que não estão dentro do *core business* da empresa.

Para uma empresa crescer acima do PIB do setor, ela necessariamente precisa trabalhar as duas primeiras possibilidades de crescimento. Caso a empresa foque apenas em maximizar o valor central, não crescerá acima da média do setor. Outro ponto importante é que, quanto mais distante do *core business* estiver um novo negócio, menor é a chance de êxito. Foi desenvolvida metodologia para avaliar a distância de um novo negócio para o *core business*, visando a aumentar a possibilidade de sucesso desse negócio. O posicionamento estratégico deve ser traduzido na proposta de valor que a empresa declara e entrega para os clientes.

**Para o *turnaround*,** a essência está em aumentar a qualidade da receita, buscando produtos e clientes que mais geram caixa, reduzir custos e despesas, reduzir a NCG, renegociar dívidas e otimizar a gestão de ativos.

Essa ferramenta é, portanto, importante aliada para assegurar que a organização está sendo eficiente em sua gestão na busca por um crescimento efetivamente sustentável.

**Segundo conceito essencial para o crescimento sustentável da empresa:** a capacidade da organização de se reinventar constantemente

O cenário competitivo está sujeito à intensa turbulência, na medida em que seus participantes continuamente transformam as indústrias em que se encontram inseridos. A rivalidade crescente nos mercados, aliada às mudanças no comportamento do consumidor, às transformações tecnológicas e à intensificação contínua da escassez de recursos naturais e humanos necessários aos processos produtivos, exige das organizações novas abordagens estratégicas, de forma a garantirem a contínua geração de vantagem competitiva sobre a concorrência. Em um contexto turbulento, mais do que nunca, fica clara a noção de que, cedo ou tarde, os modelos de negócios se esgotarão. O novo modelo e seu sucesso dependem da capacidade dos gestores de entenderem o contexto e trazer de forma criativa novas estratégias que permitam gerar vantagens competitivas.

Com o passar do tempo, só conseguiremos manter positivas as taxas de crescimento, caso sejam implantadas inovações na forma como criamos e entregamos valor aos nossos clientes.

## CASE

Entre 2003 e 2011, o Brasil experimentou um crescimento econômico acelerado, principalmente devido a políticas de estímulo ao consumo, ao aumento da disponibilidade de crédito no mercado e à intensificação de ações de assistencialismo, que introduziram mais dinheiro nas mãos das famílias. Por alguns anos, essas ações levaram a um acréscimo expressivo do PIB nacional, chegando a um crescimento médio próximo de 4% ao ano. Contudo, ao longo do tempo, percebeu-se um aumento do nível de endividamento das pessoas, que passaram a não ter mais capacidade de consumo. Apesar disso, o governo seguinte continuou a implantar políticas similares, como a isenção de IPI para aquisição de automóveis, por exemplo, que acabaram por não lograr o mesmo êxito que aquelas de anos atrás, culminando em baixas taxas de crescimento da economia nos períodos seguintes.

Sabendo-se da inevitabilidade desse cenário, é necessário sempre pensar em novos modelos para manter o crescimento. O problema da grande maioria das empresas é que elas continuam achando que seu modelo é eterno. A noção de que "esse mercado eu domino" é um pensamento perigoso, pois nos faz ignorar sinais do mercado importantes que podem eventualmente vir a nos desestabilizar. Muitas empresas só se repensam quando entram em crise.

## CASE

Em um cenário de hiperinflação, como o vivido pelo Brasil ao final da década de 1980 e início dos anos 1990, era comum que varejistas desenvolvessem modelos para lucrar com a diferença de preços, a qual, muitas vezes, ocorria de um dia para o outro e com o *Overnight*. Com a introdução do Plano Real e a consequente estabilização da economia brasileira, várias empresas do segmento foram à falência, a exemplo da Mesbla e Mappin, por não entenderem seu cliente e não conseguirem entregar uma proposta de valor diferenciada. Outros varejistas, entretanto, apresentam crescimento expressivo justamente por introduzirem modelos inovadores e uma proposta de valor ao cliente diferenciada. Nessa época, as Casas Bahia introduziram o conceito dos carnês para vendas a prazo, passando a oferecer crédito para as classes C, D e, os quais só podiam ser quitados nas lojas. Essa estratégia acabava por forçar a ida dos clientes aos estabelecimentos, o que, inevitavelmente, os levava a comprar mais a cada visita. No novo século, o modelo do carnê mostrou-se ineficiente, e outros varejistas, como Magazine Luiza, passaram à posição de destaque, utilizando um modelo diferente, focado em descontos mais agressivos para venda à vista. As Casas Bahia entenderam que seu modelo era eterno e ignoraram a mudança no contexto e no cliente. Isso levou a ela ser adquirida pelo Grupo Pão de Açúcar.

## *CASE*

Companhias como Nokia, Motorola e Blackberry chegaram a dominar o setor de aparelhos de telefonia móvel em algum momento, ao final dos anos 1990 e inícios dos anos 2000, mas foram incapazes de manter esse crescimento a partir dessa época. Essas empresas não perceberem a mudança do mercado em torno da tecnologia digital (Motorola perdeu o mercado para Nokia), do smartphone (Nokia perdeu mercado para Blackberry) e de um modelo baseado em plataforma e telas *touch* (Blackberry perdeu mercado para a Apple) e falharam em rever seu modelo de negócio no planejamento estratégico. O caso da Kodak, antes líder no segmento de fotografia, também é emblemático: com o crescimento da fotografia digital e com a ausência de resposta da empresa diante das mudanças do mercado, entrou em recuperação judicial, em 2012.

A União Química passou por esse dilema, conforme será detalhado mais à frente. Em 2011, a empresa percebeu uma oportunidade na venda de medicamentos para hospitais, por meio do entendimento de que a indústria se afastava desse segmento, levando a aumento de preços e até à falta de produtos no mercado. Entretanto, alguns anos depois, em 2014, a taxa de crescimento reduziu, devido a mudanças no contexto da indústria. Esse modelo focado em vendas para a área hospitalar passou a apresentar sinais de esgotamento, ocasionando a perda de clientes e redução no ritmo anual de crescimento. Portanto, perceberam que não seria com esse modelo que continuariam a crescer no ritmo desejado. Sabendo que a sustentabilidade da empresa estava em jogo, durante o planejamento estratégico, foram discutidos diferentes modelos de negócios a serem perseguidos a médio e longo prazos. Percebendo dificuldades de empresas multinacionais em aderirem às exigências da Anvisa, optaram pela terceirização. Esse passou a ser o novo foco estratégico de crescimento, com a compra de uma fábrica da Novartis, na qual a empresa comandaria a produção e o fornecimento à multinacional. O sucesso das novas estratégias passou por entender que o novo modelo exige outras premissas, como maior eficiência e volume, e que, para alcançá-lo, eventualmente seria necessário, também, redesenhar outras áreas da empresa e desenvolver novas competências.

Sendo assim, nossa capacidade de nos reinventarmos é essencial. Devemos constantemente nos questionar "para onde está indo o negócio/setor? E como deve-se agir diante disso?" É fato que, no dia a dia, ficamos demasiadamente envolvidos com a operação e com assuntos de curto prazo, mas precisamos ampliar nosso horizonte de visão e discutir mais a fundo nossa estratégia.

## Tendência

Vemos cada vez mais que modelos de negócios centrados em produtos estão fadados ao fracasso. Grandes empresas já perceberam isso e vêm discutindo a adoção do modelo baseado em plataformas em seus negócios, por meio do desenvolvimento de tecnologias para conectar clientes, fornecedores e promover interações que gerem valor para as partes. É o caso da John Deere e Assodeere – Associação Brasileira de Distribuidores John Deere, que reúne concessionárias que fornecem maquinário para produtores agrícolas, e da Siagri, que desenvolve software ERP para o agronegócio. Ambas estão desenvolvendo plataformas para integrar seus clientes, compartilharem com eles informações valiosas para o processo produtivo de cada um e, eventualmente, negociar essas informações para outros fornecedores que queiram ter acesso a esses clientes.

**A grande questão é:** como meu negócio se encaixa no modelo de plataformas?

# 3

# Assegurando a capacidade de execução estratégica

Um bom plano não sobrevive à incapacidade da sua equipe de executá-lo. Uma pesquisa conduzida pela Fundação Dom Cabral[2] mostrou que 75% das empresas entrevistadas não têm sucesso na execução da estratégia. Dessas, 30% não enxergam a necessidade de mudança, 30% não conseguem chegar ao fim da implementação, e 20% simplesmente não se mexem. Existe gestor que acredita que o planejamento estratégico é autoexecutável; muito pelo contrário, tal planejamento exige um esforço enorme.

Por que as empresas falham tanto na execução? São muitas as razões, mas todas elas culminam no engajamento emocional das pessoas, como: má qualidade da estratégia; falta de conhecimento sobre a estratégia; falta de compreensão sobre a contribuição dos gestores à estratégia; falta de cobrança; falta de recursos; e despreparo da liderança.

Para avaliar a capacidade de execução da estratégia, é importante definir e entender o exato significado da execução, que é composta pelos seguintes itens:

1. disciplina;
2. capacidade de correção de rumo;
3. alinhamento estratégico;
4. engajamento emocional da equipe.

## Disciplina

O planejamento, por melhor e mais completo que seja, não é capaz de alcançar os objetivos da organização por si só. Se as ações derivadas dele não forem executadas, acompanhadas e controladas, de nada terá adiantado o tempo gasto em sua elaboração.

---

[2] Fonte: Tendência do desenvolvimento das organizações, 2008. Professores Álvaro e Rossetti.

A disciplina na execução diz respeito ao cumprimento do plano de ação derivado do planejamento, conforme premissas definidas em sua elaboração. Assim como apontou a pesquisa realizada pela FDC citada anteriormente, quase um terço das empresas não consegue concluir as ações propostas durante o planejamento estratégico. Realmente, é difícil tirar a cabeça da operação e preocupar-se com ações que não terão impacto imediato no trabalho do dia a dia ou que não servirão para solucionar os problemas urgentes que povoam o cotidiano da empresa. É comum depararmos com a proliferação de iniciativas, principalmente nas semanas que se sucedem ao planejamento, mas que falham em serem concluídas pouco tempo depois.

Para evitar que isso ocorra, é importante compreender que a execução estratégica é, fundamentalmente, uma questão de disciplina. O principal ponto de partida para que ela exista na organização é assegurar o próprio envolvimento da alta administração, que deve participar de todas as etapas do processo, valorizá-lo e exigir que os demais também o façam. Mecanismos de controle e monitoramento, tais quais reuniões mensais de acompanhamento, também são úteis e essenciais para disseminar a disciplina entre os responsáveis. Faz-se necessário, portanto, fomentá-la entre os envolvidos na execução, para garantir que o planejamento seja mais que apenas um conjunto de intenções.

## Capacidade de correção de rumo

Há diversos fatores do ambiente interno e externo que fogem ao controle dos planejadores; ou, muitas vezes, pontos importantes não surgem durante a etapa de formulação estratégica, mas aparecem assim que a organização inicia sua implementação. Às vezes, o mercado cria um contexto desfavorável ou reage de forma diferente à planejada em determinada ação executada pela empresa, não permitindo que a corporação alcance as metas traçadas. O contrário também ocorre, mascarando a qualidade e eficiência da execução.

Num cenário de hipercompetição, a maneira tradicional de se desenvolver a estratégia organizacional – focada apenas no processo de planejamento –, não é mais suficiente, sendo necessário estabelecer mecanismos que possibilitem ajustes ao longo da execução, fomentando um processo de formação/formulação estratégica contínua. É fundamental que, durante o acompanhamento, ocorra a geração de aprendizado, permitindo eventuais correções de rumo e melhoria da qualidade da estratégia. Portanto, o modelo de execução é mais relevante que a qualidade da estratégia formulada no planejamento estratégico, pois tal modelo gera um aprendizado, melhorando a qualidade da estratégia.

Sendo assim, o acompanhamento da execução é essencial para analisar fatos que, porventura, gerem novas oportunidades ou ameaças, não identificados durante o planejamento estratégico, e possibilitem tomar decisões de acordo com os resultados dessas análises, mesmo que venham de encontro ao que foi estabelecido no plano. Nas reuniões de acompanhamento, é cobrado dos gestores que dominem seus resultados. Isso significa, primeiramente, identificar causas dos desvios positivos ou negativos dos indicadores sob sua responsabilidade. Em seguida, analisa-se a tendência do indicador de resultado para o final do período. Tal análise é realizada, observando-se a situação das variáveis que impactam diretamente no indicador. Os indicadores que mensuram o comportamento dessas variáveis são chamados de indicadores de tendência. Por exemplo, se o indicador de qualidade de um produto piora, a tendência é piorar o indicador de satisfação do cliente.

Quando se alcança a meta de um indicador de resultado, o gestor deve mapear as práticas que levaram ao sucesso, pois a meta tem por definição ser desafiadora, o que significa que se deve fazer algo diferente para atingi-la. Quando não se alcança determinada meta de um indicador de resultado, o gestor deve mapear estratégias de correção de rumo. Por fim, deve ser elaborado um plano de ação para potencializar os sucessos ou mitigar os fracassos.

Figura 4 – Gerenciamento estratégico – metodologias

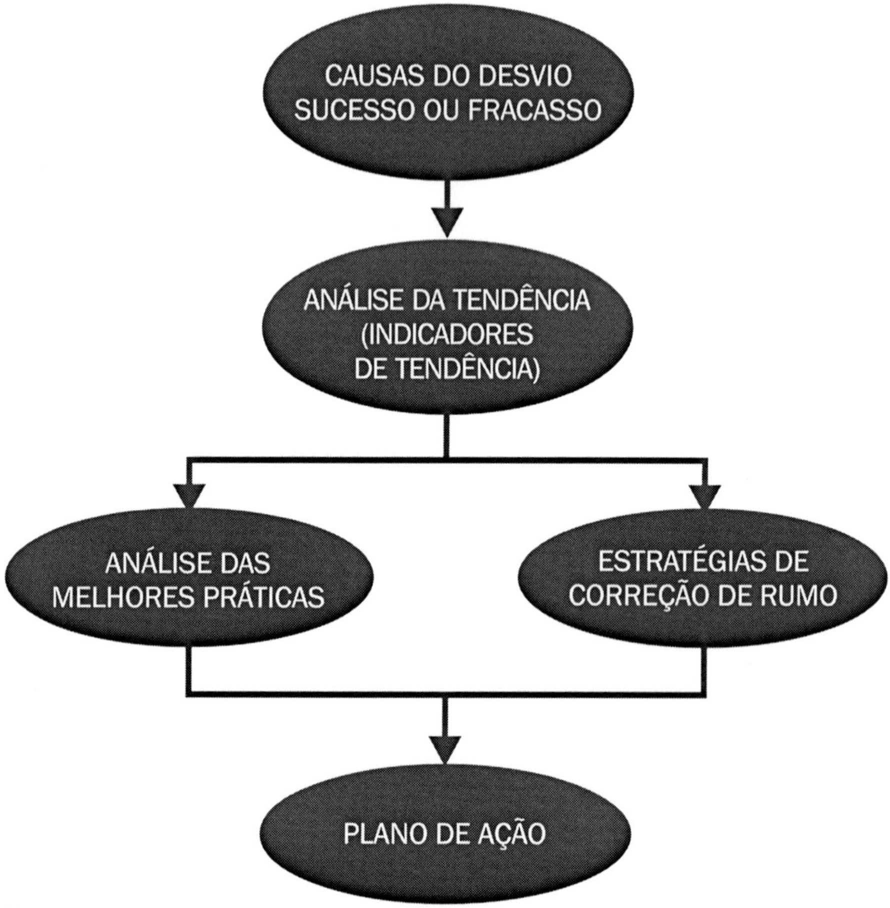

```
                    CAUSAS DO DESVIO
                   SUCESSO OU FRACASSO
                            │
                            ▼
                    ANÁLISE DA TENDÊNCIA
                       (INDICADORES
                       DE TENDÊNCIA)
                            │
                ┌───────────┴───────────┐
                ▼                       ▼
         ANÁLISE DAS            ESTRATÉGIAS DE
       MELHORES PRÁTICAS       CORREÇÃO DE RUMO
                └───────────┬───────────┘
                            ▼
                      PLANO DE AÇÃO
```

Fonte: o autor

## Alinhamento estratégico

O sucesso na execução não será alcançado, caso cada um dentro da organização esteja remando em direção a objetivos diferentes. O alinhamento estratégico consiste em garantir que todas as partes da empresa compartilhem da mesma visão e que os processos e as tecnologia estejam desenhados e organizados para entregar os resultados estratégicos. Dessa forma, os esforços podem ser compartilhados e sinergias criadas, para que os resultados sejam efetivos. É necessário garantir que áreas, gestores, processos, tecnologias e orçamentos estejam alinhados à estratégia, a fim de que sirvam como meios para a concretização do futuro desejado.

Figura 5 – Alinhamento estratégico

Fonte: o autor

Para garantir o alinhamento estratégico, o primeiro passo consiste em traduzir a estratégia em um Modelo de Gestão de Performance, o qual coloca a estratégia como o centro do alinhamento das pessoas, das atividades e dos recursos. Caso tal modelo não seja bem feito, a estratégia corre riscos de ser negligenciada. Em seguida, essa estratégia deve ser desdobrada para dentro da organização, deixando clara a contribuição de cada um. Visando a atingir esse objetivo, lançamos mão de ferramentas como BSC (*Balanced Scorecard*), GPD (Gerenciamento por Diretrizes), OKR (*Objective Key Results*) ou VBM (*Value Based Management*), sendo que todas elas têm em comum o fato de conectarem indicadores e metas em um sistema de causa e efeito, que deve ser a lógica a guiar o desdobramento entre os níveis organizacionais.

O desdobramento pode fortalecer a formação de "feudos". Devemos criar mecanismos de coordenação interna, para reduzir tal risco. Essa coordenação não ocorre de forma espontânea na organização, exigindo dos gestores a compreensão das interdependências entre as atividades sob sua responsabilidade, de forma a adotar os mecanismos mais adequados para assegurar a coordenação efetiva. Dentre esses mecanismos, estão aqueles relacionados à estrutura e organização do trabalho, aos sistemas de controle adotados e à cultura organizacional própria de cada empresa, como reuniões de acompanhamento de resultados, metas compartilhadas, redesenho de processos que corta a organização horizontalmente e outros.

## Ferramentas

Ferramentas importantes para facilitar e acelerar o alinhamento e, consequentemente, a execução da estratégia

- Gestão por Processo

Redesenho detalhado dos processos, a partir dos objetivos estratégicos corporativos e de seu desdobramento para todos na empresa, garantindo o alinhamento estratégico do nível tático e operacional.

- Comunicação Interna

Processo de divulgação que visa a sensibilizar e garantir a compreensão do papel de cada pessoa na estratégia corporativa.

- Capacitação

Programas de desenvolvimento do capital humano, visando a capacitá-lo para o sucesso estratégico da empresa.

- Modelo de Consequência

Visa a alinhar a remuneração variável e o reconhecimento ao comportamento e desempenho estratégico, potencializando a execução da estratégia. Entra como premissa para a execução, levando as pessoas a entenderem que seu trabalho é relevante, antes de se engajarem na execução.

- Orçamento

Previsão da receita, fixação das despesas, projeção dos investimentos e variação da necessidade de capital de giro para a elaboração do demonstrativo de resultados e de fluxo de caixa, de acordo com a orientação estratégia.

## Engajamento emocional das pessoas

"Vestir a camisa", "dar o sangue pelo trabalho": o engajamento diz respeito à dedicação das pessoas diante do resultado a ser perseguido e das iniciativas a serem executadas. Na pesquisa realizada pela FDC, vários pontos surgiram entre os entrevistados, a respeito das razões para falhas na execução estratégica: falta de cobrança; descrença no planejamento; ausência de comunicação do planejamento; falha no desdobramento da estratégia... Todos esses elementos levam ao engajamento emocional. Se eu não sou cobrado ou se eu não valorizo ou compreendo a estratégia, eu simplesmente não me dedico ou me engajo com ela.

Para promover o engajamento da equipe, todos precisam ser envolvidos no plano estratégico, entender sua contribuição sobre os resultados e gozar de certa autonomia para executar e tomar decisões referentes a seu próprio trabalho.

É importante entender que não se trata de uma tarefa fácil, ao contrário, é um processo, ou seja, nada muda da "noite para o dia". Nesse momento, devem-se preparar as lideranças, oferecer as capacitações necessárias para a tarefa que será conduzida e fomentar uma cultura que valoriza a participação e o diálogo, e que tenha tolerância a erros, encarando-os como oportunidades de aprendizagem.

No início deste século, a Coca-Cola Brasil criou dois grandes focos estratégicos de crescimento – bebidas não carbonatadas e embalagens individuais. A empresa acabara de adquirir marcas de sucos, chás e água mineral no País e buscava aumentar sua participação nesses mercados. Durante a execução do plano nas franquiadas do Grupo Simões e SPAIPA, contudo, observamos forte resistência da área comercial. Durante anos, os vendedores haviam focado na venda de bebidas gaseificadas e não estavam familiarizados com o novo portfólio. A venda ocorria de forma automática, priorizando os produtos mais conhecidos, sem trabalhar de forma efetiva a introdução dos novos produtos não carbonatados. A solução foi trabalhar um plano de comunicação e capacitação da estratégia mais abrangente, por toda a empresa, rever o modelo de remuneração e desdobrá-lo em metas individuais. Um sistema de cobrança mais robusto também foi desenvolvido, com acompanhamento periódico de resultados, vinculados a uma parcela da remuneração variável. Além disso, foram intensificadas as ações de capacitação com foco nos novos produtos, fornecendo aos vendedores argumentos suficientes para serem trabalhados durante a venda. Essas ações não foram de fácil execução e levaram dois anos para surtirem impacto relevante. Os resultados vieram, mas ainda possui espaço para melhorar.

Uma nova estratégia traz mudanças. Por isso, temos que entender os pontos de resistência para superá-los. É preciso trabalhar a equipe constantemente e fomentar o engajamento, para ter sucesso na execução. Conquistado o engajamento, portanto, os resultados são sempre impressionantes. Fica clara a forma como uma equipe engajada e motivada é capaz de potencializar os resultados da empresa.

Muitas organizações falham na execução da estratégia. A falha ocorre por várias razões que levam à falta de engajamento emocional das pessoas, como má qualidade e desconhecimento da estratégia, entre outras. Portanto, vários pontos são importantes para a conquista do engajamento, mas um é crucial: a participação das pessoas na tomada de decisão que as afeta. O processo de planejamento necessita ser mais participativo; por isso, a execução começa com o modelo de planejamento estratégico. O modelo utilizado na maior parte dos *cases* deste livro é chamado de "Processo Central e Processo Paralelo". O planejamento é construído com a cúpula da organização e, em paralelo, com a média gerência e coordenação. No final, consolida-se o material para ser validado pela cúpula. Com o aval da cúpula, inicia-se o desdobramento. Para o desdobramento, utiliza-se uma adaptação da metodologia do Gerenciamento pelas Diretrizes (GPD).

Outro método participativo que desenvolvemos e aplicamos, por exemplo, na Petros – Fundo de Pensão da Petrobras, inicia-se com *workshops* de discussão estratégica com os coordenadores. Em seguida, foram realizados *workshops* com os gestores para avaliar o material dos coordenadores e para colocarem sua visão, fechando com a avaliação e visão dos diretores. No entanto, esse modelo não tem sido muito aceito pelos empresários e executivos. O fato é: para o sucesso da execução, precisamos envolver cada vez mais os colaboradores.

# 4

# Construindo e executando estratégias

Mas, afinal, por que as empresas constroem estratégias? A resposta é simples: para serem mais competitivas. A competitividade é função da adequação das estratégias das empresas ao contexto em que estão inseridas, formado por elementos do macroambiente, por forças políticas, sociais, culturais, tecnológicas e naturais e por elementos do microambiente, os quais dizem respeito ao padrão de concorrência vigente no mercado específico em que atuam, tais quais particularidades do setor, dos clientes, dos produtos substitutos e dos fornecedores. Cada vez que conseguimos adequar-nos antes do concorrente, ou seja, posicionar-nos antecipadamente, conseguimos obter uma vantagem competitiva.

> *Para Michael Porter (1992), a estratégia deve ser formada a partir de uma compreensão precisa do ambiente externo e das regras da concorrência que determinam a atratividade de uma indústria – a qual, constitui determinante fundamental para a rentabilidade de uma empresa. Em qualquer indústria, tais regras estão englobadas em cinco forças competitivas, que influenciam nos preços, nos custos e no investimento necessário para a sobrevivência das empresas sob suas circunstâncias: (i) a entrada de novos concorrentes, (ii) a ameaça de substitutos, (iii) o poder de negociação dos compradores, (iv) o poder de negociação dos fornecedores e (v) a rivalidade entre os concorrentes existentes.*

A forma como a empresa se posiciona diante das forças competitivas do mercado é determinante para seu sucesso competitivo. O estrategista Michael Porter observou que o posicionamento de determinada organização pode ser obtido por meio de estratégias que buscam a liderança em custos ou por meio de estratégias que visem à diferenciação. No primeiro caso, será perseguida uma posição de baixo custo, por meio da busca por eficiência, disponibilidade e volume, objetivando ofertar um produto mais competitivo. No caso da diferenciação, o foco está em colocar no mercado ofertas com maior valor agregado, frequentemente relacionadas à inovação; à entrega de soluções, ao invés de produtos; e à construção de uma marca desejada. Treacy e Wieserma (1995)[3] evoluem o modelo de Porter, destacando que o responsável por dizer qual é o posicionamento da empresa é seu cliente, mas com lógica similar, dividindo as possibilidades de posicionamento estratégico entre (1) eficiência operacional, entendido como a busca por preço baixo, facilidade e conveniência, (2) liderança nos produtos, marcada pela inovação constante e criação de uma marca desejada, e (3) intimidade com o cliente, em que o foco é a entrega de soluções, e não de produtos, sendo tais possibilidades focadas em resolver necessidades específicas.

Importante entender que o posicionamento da empresa acaba por se tornar uma referência para o cliente. É possível, sim, trabalhar outros posicionamentos, desde que não leve o cliente a perder a referência que tem com a marca da empresa. Por exemplo, se sou reconhecido por eficiência operacional, mas adoto estratégias voltadas para intimidade com o cliente, posso perder o foco em ofertar preços baixos e, consequentemente, perder minha base de cliente atual.

Percebemos que são poucos os casos em que uma empresa conseguiu migrar com sucesso de um posicionamento de diferenciação para liderança em custos – o contrário já ocorre com mais frequência. Geralmente, o que observamos é a adoção de marcas diferentes para posicionamentos diferentes.

## CASE

Um caso emblemático que mostra uma evolução no posicionamento mercadológico é o da Havaianas. Até a década de 1990, era uma empresa que buscava liderança em custos. As propagandas mais antigas reforçam a relação custo-benefício das sandálias: "Não deformam, não soltam as tiras

---

[3] TREACY, M.; WIESERMA, F. **A disciplina dos líderes de mercado:** escolha seus clientes, direcione seu foco, domine seu mercado. Rio de Janeiro: Rocco, 1995.

e não têm cheiro". Ao longo do tempo, quedas expressivas nas vendas, devido às ameaças de novos concorrentes, forçaram a empresa a buscar adentrar novos mercados, focando nos segmentos de moda e luxo. Com inúmeras novas linhas de produtos para segmentos de mercado diversos e uma gestão de marca mais intensa, conseguiu migrar da liderança de custos para diferenciação. Atualmente, existem Havaianas que chegam a custar US$ 100, disponíveis em vários mercados internacionais. O cliente percebe o produto como sendo muito mais valioso que um simples solado de borracha, que "não deformam, não soltam as tiras e não têm cheiro".

## Histórico da gestão estratégica

Entender a evolução dos modelos de gestão estratégica ajuda-nos a compreender, além dos pontos de partida para a formulação daquele que devemos implantar em nossas organizações, a noção de que mesmo tais modelos devem ser frequentemente revistos, para que consigamos usá-los a favor da nossa competitividade.

Figura 6 – Evolução da gestão estratégica

| ABRANGÊNCIA | EVOLUÇÃO DA GESTÃO ESTRATÉGICA | | | |
|---|---|---|---|---|
| | **ANOS 30 e 40** | **ANOS 50 e 60** | **ANOS 70 e 80** | **ANOS 90 e 2000** |
| | **Produtividade**<br>Fator humano<br>Financeiro | **Qualidade**<br>PDCA<br>TQM<br>APO | **Planejamento e Posicionamento Estratégico**<br>Posicionamento<br>Análise das mudanças no ambiente<br>Análise das forças e fraquezas da organização | **Crescimento e Execução da Estratégia**<br>Flexibilização<br>Ênfase na informação<br>Conhecimento como recurso crítico<br>Integração de processos, pessoas e recursos |
| **ÊNFASE** | Cumprimento do orçamento | Projetar o futuro | Definir a estratégia | Alinhar estratégia e organização |
| **PROBLEMA** | Orientada pela disponibilidade financeira | Não previsão de mudanças | Dissociação entre plan e implement. | Maior complexidade de abordagem |

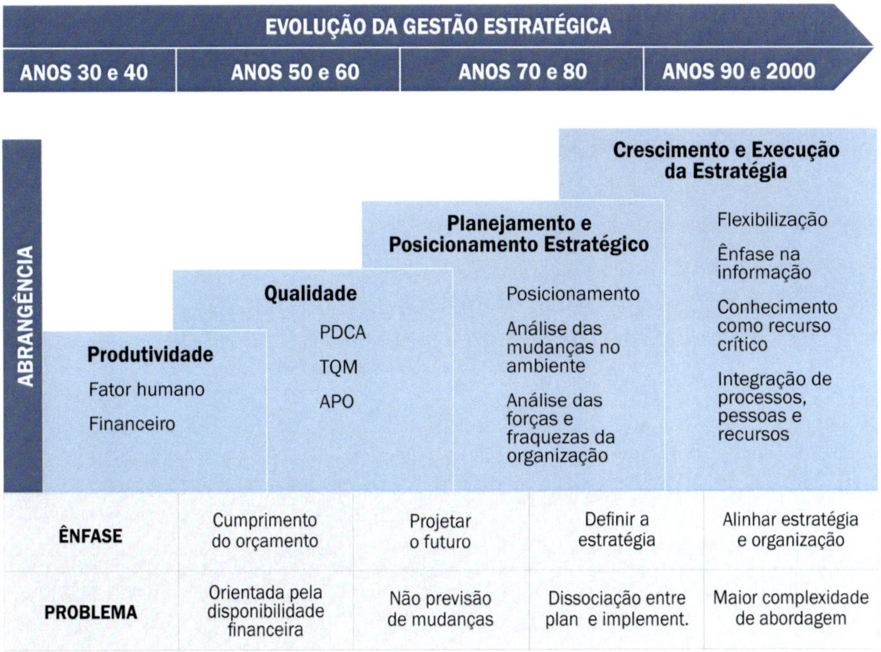

Fonte: o autor

No início do século passado, a demanda por produtos no mercado era maior que a oferta. Nesse cenário, o foco do modelo de performance era a produção, que era prontamente absorvida pelo mercado, ou seja, o que era produzido era prontamente vendido. As ações de gestão eram focadas simplesmente em aumentar a capacidade de produção.

A produção aumentou tanto que a superprodução levou à famosa crise de 1929, que deu início a uma forte recessão econômica pelo mundo. Nesse momento, foram trazidas à tona discussões sobre produtividade. Como produzir melhor com recursos mais escassos? Surgiram pensadores, como Maslow e outros, que começaram a discutir o fator humano no trabalho para melhorar a produtividade das pessoas.

A busca intensa por produzir mais com menos acabou por inundar o mercado com produtos de baixa qualidade. As premissas da busca pela qualidade nos processos produtivos ganharam maior aderência no Japão pós-guerra, onde empresas fragilizadas precisavam ser superiores aos concorrentes internacionais, para se manterem abertas.

Quando as ideias de qualidade tornaram-se amplamente difundidas, elas acabaram virando *commodities*, e os produtos passaram a competir por preço. Assim, vem Michael Porter e outros com discussões sobre posicionamento estratégico. O que percebemos, a partir de então, é que o conceito de posicionamento não é tão simples de ser implementado na prática, levando à criação de modelos e ferramentas mais complexas para ajudar as empresas a se manterem competitivas.

Essa história mostra que não só os modelos estratégicos das empresas se esgotam, mas o modelo existente no mercado também.

Figura 7 – A teoria por trás da metodologia: do planejamento à execução

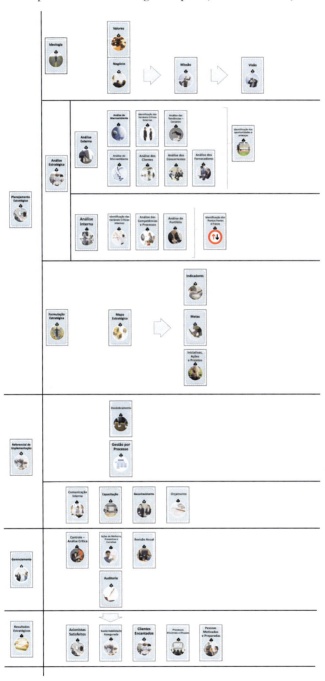

Fonte: o autor

> A princípio, falar de missão e visão pode parecer uma discussão superada. O que vemos com frequência é que esses conceitos continuam a aparecer na literatura com outros nomes, travestindo-se de metodologias aparentemente inovadoras. Independentemente do nome que damos para cada uma dessas declarações, fundamental entender a cultura da empresa, os aspectos que vão guiar todo o processo, a essência do nosso negócio, nosso propósito e o desafio que queremos alcançar por meio desse processo – onde queremos estar em um horizonte de cinco anos.
> Diversas novas metodologias surgem ao longo do tempo, mas a simplicidade e efetividade das declarações empresariais fazem com que essa ferramenta tenha sua utilização ainda difundida e incentivada. Os momentos de discussão sobre valores, missão e visão são riquíssimos e contribuem para proporcionar uma autorreflexão que culmina na expressão da ambição dos acionistas para o futuro da organização. A ambição, por vezes, deve ser estimulada; entender que ela é necessária para que a organização garanta seu sucesso no longo prazo, dado que os modelos de negócio se esgotam eventualmente. Por outras vezes, a ambição existe, mas de forma latente e desuniforme entre os acionistas. É nesse momento de discussão e formulação que se estimula seu desenvolvimento e compartilhamento.

A metodologia da Gestão Estratégica se inicia com a etapa de planejamento. O **planejamento** envolve o desenvolvimento de estratégias, a partir da análise do contexto em que a organização está inserida e da compreensão de seu ambiente interno, visando a alcançar resultados superiores e sustentáveis. A ordem das análises conduzidas nesta etapa importa em certa medida, uma vez que o resultado de análises anteriores serve como base e premissa para as discussões que se seguem.

A primeira análise envolve a definição da **ideologia** da empresa. Nesse momento, são definidas as diretrizes organizacionais fundamentais para a elaboração e para o desdobramento da estratégia, tais quais valores, negócio, missão e visão.

Os **valores** são convicções claras e fundamentais que a empresa defende e adota como guia para a gestão do seu negócio (crenças e posturas éticas, por exemplo). Em que acreditam? Valores guiam comportamentos e atitudes e fazem com que pessoas sejam admitidas ou desligadas da organização. A liderança deve ser o grande exemplo com comportamentos e atitudes alinhados aos valores.

O **negócio** é a declaração dos principais benefícios esperados pelos clientes-chave. O negócio visto de forma estratégica vai para além da definição sobre quais produtos ou serviços a empresa desenvolve. O negócio estratégico envolve o propósito da organização. Quem são nossos clientes? Que benefícios estão buscando? Qual o legado pelo qual a organização quer ser reconhecida? É o momento em que definimos o que queremos entregar para o cliente. Ajuda a focar o diferencial competitivo, orienta os investimentos, o posicionamento estratégico e auxilia na identificação dos concorrentes e clientes. É ponto fundamental, uma vez que se liga à ambição e ao espaço vislumbrado de atuação para a empresa.

Na **missão**, definimos a forma de atuar da empresa no mercado, explicitando sua proposta de valor e seu negócio. Por que existimos?

A **visão** deverá refletir a ambição criada e assumida oficialmente pela gestão do empreendimento, para direcionar o desenvolvimento de longo prazo do negócio, expressando a situação ideal futura a ser buscada incessantemente pelos gestores, em todas as suas ações. O que queremos ser?

Ao formulá-la, é importante evitar a palavra "manter" e termos similares, que geram acomodação da organização. Queremos ter sempre a corda esticada, buscando uma evolução constante. A premissa é de que nunca vamos alcançar nossa meta, pois, quando chegamos perto, devemos lançá-la novamente pra frente, ou seja, é necessário ser específico nas declarações empresariais para que elas realmente sirvam como guias.

A forma de expressar a visão é fundamental para permitir sua transmissão por toda a organização. Com frequência, usamos um *slogan* de fácil assimilação que remeta imediatamente às metas e aos prazos almejados.

## Exemplos de visão

- União Química: 20-16

Crescimento de 20% a.a. e Ebitda de 20% até 2016

- Apsen: 2P-25-40

R$ 2 bi de faturamento, 25% de Ebitda e 40% de receita de novos produtos, com foco em pessoas e produtos, até 2025.

- Giraffa's: 118

Ser a opção número 1 de refeição fora do lar, em 2018.

A **análise estratégica** envolve a compreensão do contexto em que a organização está inserida, bem como seu próprio ambiente interno.

Uma ferramenta útil e amplamente utilizada nessa etapa é a análise SWOT, em que são discutidas, de forma qualitativa, as forças, fraquezas, oportunidades e ameaças que são relevantes ao negócio. O objetivo é traçar as bases para definir quais serão as vias de ação a serem tomadas e o que pode prejudicar e favorecer o sucesso em cada uma delas.

A partir da análise dos quatro quadrantes da SWOT, é possível identificar e priorizar os focos estratégicos de crescimento e fortalecer o posicionamento estratégico. Além de maximizar o valor central, que significa crescer com os produtos e serviços atuais nos mercados atuais, caso queira potencializar o crescimento, é necessário buscar outras vias e alternativas. Para crescer acima do PIB do setor, é necessário desenvolver novas plataformas adjacentes, como novos produtos ou novos mercados. Outra possibilidade de crescimento são os novos negócios que necessitam orbitar ao redor do *core business* da empresa, em que as chances de sucesso são maiores. Existe metodologia para avaliar quão distante do *core* está um novo negócio que se deseja ingressar. Essa metodologia analisa o quanto se compartilha de recursos (clientes, processos, custos, tecnologia, competências, canal de vendas, concorrentes), relacionando o negócio novo com os negócios atuais. Quanto mais recursos o novo negócio compartilha de recurso, mais próximo do *core* está.

*CASE*

Uma análise SWOT levou a Porto Seguro a vislumbrar um novo mercado de atuação. Além da comercialização de seguros e vários outros produtos, decidiu, em 2010, entrar no ramo de telefonia móvel. Em princípio, o novo negócio parecia estar muito distante de seu *core business*. Mas, em uma análise mais detalhada, foi concluído que o novo negócio estava mais próximo do que se acreditava no início. A empresa contava com um sistema de rastreamento remoto de veículos, cuja tecnologia de compartilhamento de antenas também poderia ser empregada na oferta de serviços de telefonia móvel. Os corretores de seguros venderiam os planos, aproveitando a base existente de 12 milhões de clientes da Porto Seguro, garantindo uma alta capilaridade ao negócio que acabava de nascer. A Porto Seguro Conecta, como foi batizada, chegou a alcançar a marca de 700 mil linhas ativas e a ser reconhecida pela Anatel por dois anos consecutivos como a melhor operadora do País e acabou por ser adquirida pela TIM, em 2018, cinco anos após o lançamento.

A **análise do ambiente externo** compreende a análise das variáveis críticas externas não controláveis e das forças que compõem o setor da organização, visando a identificar oportunidades e ameaças do ambiente externo. Envolve o olhar sobre o macroambiente e o microambiente e sobre como suas variáveis se comportarão no futuro (análise de cenários).

Para a realização da **análise do macroambiente**, primeiramente, é necessário identificar as variáveis críticas externas do macroambiente que impactam a organização. Essas variáveis compõem os ambientes: demográfico, sociocultural, econômico, tecnológico, político-legal e natural. Algumas variáveis são mais relevantes que outras, a depender do contexto em que a empresa está inserida e do desafio que vislumbra. Por exemplo, para o setor farmacêutico, é relevante entender a evolução do perfil demográfico da população dos mercados-alvo, bem como acompanhar o contexto político-legal que impactará nos processos de aprovação de novos medicamentos. Assim, é necessário definir quais são as **variáveis críticas externas**, ou seja, aquelas que realmente são relevantes para a análise.

Figura 8 – Ambientes estratégicos

Fonte: o autor

**Análise do microambiente**, por sua vez, envolve a análise das forças que compõem o setor da organização: clientes, concorrentes, fornecedores, produtos substitutos e novos entrantes.

Figura 9 – Fatores-chave de sucesso

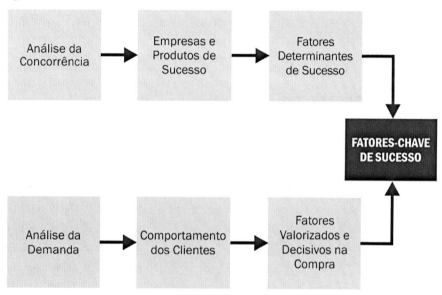

Fonte: o autor

Após olhar para fora, precisamos voltar nossa atenção para o que acontece dentro dos limites da organização. A **análise interna** passa pela análise de competências, processos e portfólio, visando a identificar os pontos fortes e fracos da organização.

## Ferramenta

Para a análise do ambiente interno, uma metodologia útil é a dos fatores-chave de sucesso, de Robert Grant (2008)[4], a qual se inicia com um *brainstorming*, buscando responder o que o cliente valoriza e o que torna os concorrentes um sucesso. Dos fatores levantados, em geral, de 5 a 10, identificam-se os aspectos cruciais para o sucesso do nosso negócio. São fatores valorizados pelo cliente, fatores que concorrentes prezam e outros que fornecedores demandam.

---

[4] GRANT, Robert. **Contemporary Strategy Analysis.** Wiley, 2008.

## Modelagem Ecta

Para uma empresa do setor da moda, por exemplo, percebe-se que moda, estilo e qualidade são fatores essenciais para atender os consumidores. Já capacidade de produção e velocidade de resposta são para atender os varejistas e à reputação, para combater entrantes internacionais.

| O que desejam os clientes? Análise da demanda | O que torna os concorrentes um sucesso? Análise da concorrência | Fatores-chave de sucesso |
|---|---|---|
| - Demanda fragmentada por tipo de roupa e estilo<br>- Os clientes pagam preços mais elevados pela moda – exclusividade e qualidade<br>- Mercado de massa sensível a PREÇO<br>- Os varejistas querem confiabilidade e velocidade de entrega<br>- Cadeias varejistas com forte poder de compra | - Relacionamento com grandes redes varejistas<br>- Forte concorrência internacional da moda | - Qualidade<br>- Capacidade de produção<br>- Velocidade de resposta<br>- Moda e estilo<br>- Reputação |

A posição competitiva diante da concorrência pode, então, ser obtida por meio da avaliação mediante uma pesquisa de mercado dos fatores-chave de sucesso, contrapondo a empresa a seus concorrentes. Listam-se os fatores por ordem de importância, atribuindo um peso maior, em percentual com somatório 100%, para os fatores mais bem colocados. Em seguida, atribui-se uma nota de 1 a 5 para cada um dos quesitos de forma comparativa, a fim de que o somatório do produto do peso pela nota indique um número que permita determinar qual das empresas avaliadas possui uma posição competitiva mais sólida. Claro que uma pesquisa de mercado é fundamental para validar essas hipóteses sobre a competitividade das empresas definidas pelos executivos, mas, nessa etapa, são importantes para identificar pontos fortes e fracos a serem trabalhados nas ações estratégicas.

Para cada fator-chave de sucesso, identificam-se as variáveis críticas internas. Para se chegar às variáveis críticas internas, questiona-se: o que precisamos ter internamente para que esse fator seja um sucesso? As respostas estarão ligadas a processos, pessoas ou tecnologias.

| Fator-chave de sucesso | Variáveis críticas internas |
|---|---|
| Relacionamento | Informações de mercado<br>Preparação da equipe de vendas<br>Mapeamento dos momentos da verdade e necessidades do Cliente |
| Competitividade na proposta | Desenvolvimento de fornecedores<br>Qualidade do orçamento (competência técnica)<br>Capacidade financeira |

Após a identificação de oportunidades, ameaças, pontos fortes e fracos, aplica-se a SWOT (quatro quadrantes), cruzando os quatro elementos citados para identificar os objetivos relacionados aos focos estratégicos de crescimento, ao posicionamento a ao desenvolvimento interno. O diferencial da empresa sempre estará em seu foco de crescimento ou posicionamento. Se o diferencial da empresa estiver no foco de crescimento (exemplo: crescer com determinado produto ou com determinados clientes, em determinada região), observamos que é mais fácil para a concorrência acompanhar. Ou seja, minha vantagem competitiva não é sustentável. Se está no posicionamento, entretanto, fica mais difícil. Os exemplos do Giraffa's e Mundial Atacadista ilustram bem esse ponto.

## CASE

Em 2008, a rede brasileira de *fast-food* Giraffa's fez um importante exercício de análise de seu posicionamento, quando definiu que queria ser reconhecida por oferecer alimentação brasileira – tendo como seu produto de maior sucesso o arroz e feijão com proteína. Primeiramente, buscou entender o comportamento e as alterações no perfil do consumidor para desenvolver e introduzir inovações no cardápio. Houve a criação de linhas de produtos com maior valor agregado, como filé acebolado, filé mignon e picanha, na oferta das lanchonetes. Para o Giraffa's, em todo esse processo de reformulação, foi fundamental ter em mente que seu diferencial está na alimentação brasileira, assim como Habib's está na alimentação árabe, e McDonald's, na alimentação norte-americana. Esse pensamento guiou as premissas para as novas estratégias introduzidas e levou a empresa a garantir um diferencial competitivo de longo prazo: ser reconhecido por oferecer opções de refeições rápidas focadas na culinária nacional. Outras redes tentaram copiar sem sucesso.

## CASE

Em seu planejamento estratégico, a Mundial Atacadista, uma distribuidora e atacadista do ramo da construção civil, sediada no Distrito Federal, buscou identificar as cidades que mais cresciam no País. Essa análise serviria como um "proxy", para determinar uma possível demanda para seus produtos – cidades que crescem realizam obras, e obras demandam material de construção. O estado que concentrava o maior número de municípios com índices elevados de crescimento era o Mato Grosso, graças ao agronegócio, mais especificamente à soja. Com isso, reforçou operações na região, que representa a nova fronteira agrícola, MAPATOPIBA, nas divisas entre Maranhão, Pará, Tocantins, Piauí e Bahia. Isso levou a um crescimento expressivo, no período de 2012 a 2013. Pouco tempo depois, contudo, a entrada de concorrentes na mesma região reduziu o espaço de atuação da empresa, que logo voltou ao patamar anterior de crescimento. O diferencial de localização não foi suficiente para garantir sua posição competitiva no longo prazo.

A partir do resultado das análises e do cruzamento entre os pontos fortes, fracos, as oportunidades e ameaças, definimos a estratégia da organização a partir da **formulação estratégica**, em que são definidos os objetivos e as vias de ação a serem perseguidos.

Uma vez formulada a estratégia da empresa traduzida em objetivos, ela é organizada em um **mapa estratégico**, facilitando a compreensão, a comunicação e o desdobramento da estratégia. O mapa é uma forma de organizar e, neste contexto, constitui uma poderosa ferramenta para visualização dos objetivos estratégicos e suas correspondentes relações de causa e efeito, os quais guiam o desempenho da organização.

O modelo foi adaptado a partir da lógica desenvolvida por Kaplan e Norton (1997)[5] e visa a traduzir a missão e a estratégia da empresa em um conjunto abrangente de indicadores de desempenho que serve de base para um sistema de medição e gestão estratégica, organizado em torno de quatro campos de resultados: econômico-financeiro, mercado, dos processos internos e do patrimônio humano e tecnologia.

---

[5] KAPLAN, R. S.; NORTON, D. P. **A Estratégia em Ação:** Balanced Scorecard. Rio de Janeiro: Campus, 1997.

> *No mapa, devem constar apenas sentenças com verbos no infinitivo e somente os objetivos considerados estratégicos. Ações no infinitivo, que têm começo meio e fim, não devem ser colocadas, pois indicam projetos específicos – evitar o uso de termos como criar, implantar, projeto, políticas...*

Importante entender que as dimensões do mapa são inter-relacionadas. Os objetivos das dimensões superiores devem ser suportados por elementos das dimensões inferiores. A análise dos indicadores de cada uma das dimensões do mapa também serve para antecipar a situação futura da empresa. Se os indicadores dos resultados financeiros estão verdes, e os dos processos vermelhos, será questão de tempo para que os finalísticos se tornem vermelhos. Lembrando que essas relações configuram hipóteses e, eventualmente, podem ser revistas, ou seja, pode ser que os sinais estejam vermelhos em uma dimensão inferior, mesmo com os finalísticos verdes, simplesmente porque esses não interferem naqueles, como se havia pensado inicialmente.

O mapa permite monitorar a execução da estratégia formulada pelas organizações de forma objetiva. Sua aplicação leva a uma série de benefícios, como integração de medidas financeiras e não financeiras, comunicação da estratégia e a possibilidade de obter o *feedback* de sua implementação.

Os focos estratégicos de crescimento que se encontram no campo de resultado – mercado –, definidos para a organização, estão ligados à dimensão finalística do mapa estratégico. Isso implica que, necessariamente, serão medidos por indicadores finalísticos relacionados à receita, ao faturamento ou ao *market share*, por exemplo, tais como:

- aumentar vendas com novos canais de distribuição;
- aumentar receita com novos produtos;
- aumentar *share* no segmento hospitalar;
- aumentar vendas por meio da fidelização dos clientes etc.

Figura 10 – Mapa estratégico Giraffa's 118

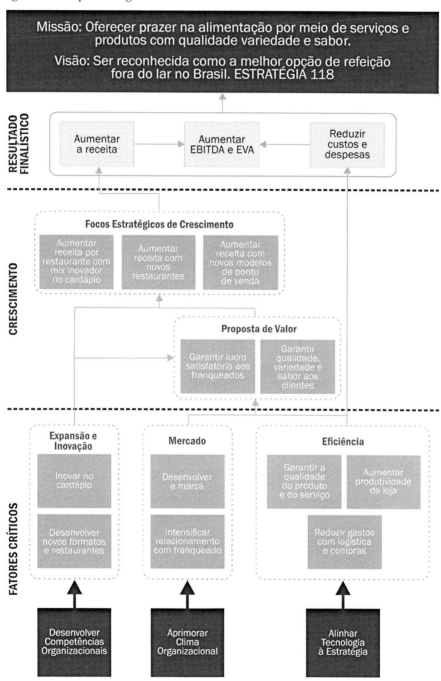

Fonte: o autor

## O mapa estratégico e o mapa *turnaround*

Independentemente do modelo de gestão utilizado pela empresa, seja estratégia de crescimento, seja *turnaround*, o uso do mapa traz grandes benefícios. A diferença entre a aplicação da ferramenta em cada um dos casos está no destaque que daremos a determinados aspectos da estratégia. Quanto à EC, a essência está nos focos estratégicos de crescimento e posicionamento da organização. Já no caso do *turnaround*, a essência está na qualidade de receita, na redução de custo e despesa, na redução da NCG, na renegociação da dívida e na gestão dos ativos.

Figura 11 – Modelo de mapa estratégico

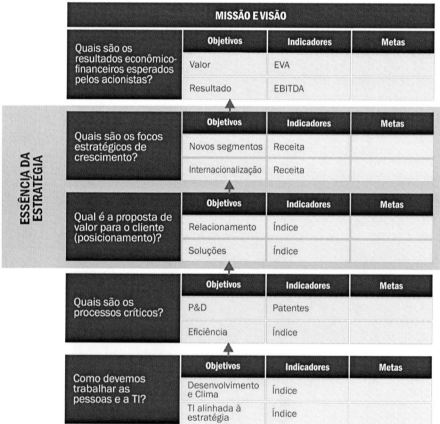

Fonte: o autor

Figura 12 – Modelo de mapa *turnaround*

Fonte: o autor

Portanto, no caso do *turnaround*, o foco finalístico é maximizar caixa, com a essência atuando no curto prazo, visando a recuperar a liquidez. Esses campos de resultado possuem os objetivos do TA.

Os campos de processos e equipes concentram os fatores críticos traduzidos em iniciativas (não objetivos), como no exemplo a seguir de uma fábrica de móveis.

Figura 13 – Mapa *turnaround*

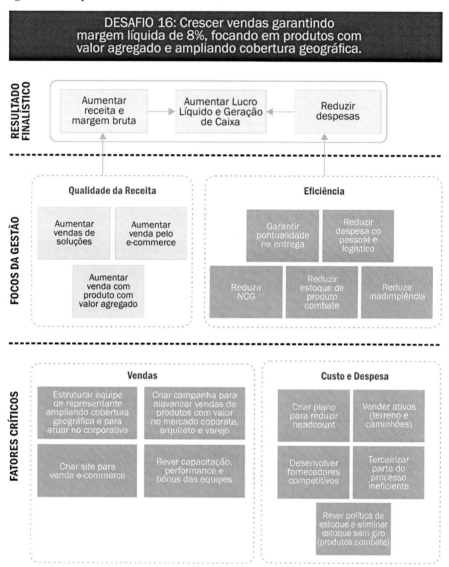

Fonte: o autor

Finalmente, as iniciativas estratégicas surgem das estratégias e dos indicadores definidos (desafios). Quais ações nos farão alcançar esses desafios?

A metodologia de gestão estratégia envolve, ainda, as fases de **implementação** e **gerenciamento**, que compõem a execução. Na **implementação**, é preparado o ambiente interno para as mudanças e construído o modelo de execução estratégica da empresa. No **gerenciamento**, ocorrem a mensuração, o controle, o aprendizado estratégico e as correções de rumo.

Estão envolvidas, no processo de gerenciamento, as ferramentas que visam a preparar o ambiente interno para as mudanças, garantir que os objetivos individuais estejam alinhados aos objetivos corporativos e assegurar a capacidade de correção de rumo da organização, conforme detalhado no item "Assegurando a capacidade de execução estratégica", adiante.

O processo de Gestão Estratégica visa a entregar uma proposta única e diferenciada de valor para os *stakeholders* – única, quando comparada com seus concorrentes, garantindo resultados com:

**- acionistas satisfeitos**

Os acionistas devem estar satisfeitos para garantir o reinvestimento no negócio; para isso, o processo de Gestão Estratégica deve entregar uma proposta de valor diferenciada.

**- sustentabilidade assegurada**

A gestão estratégica deve entregar resultados que perpetuem a organização, assegurando a sustentabilidade do negócio.

**- clientes encantados**

O processo de Gestão Estratégica deve entregar uma proposta de valor única para os clientes, garantindo sua fidelização e que eles se sintam encantados.

**- processos eficientes e eficazes**

A entrega da proposta de valor única aos clientes e acionistas só é possível quando se gerencia e alcança excelentes resultados nos processos-chave da organização.

**- pessoas motivadas e preparadas**

Para alcançar excelentes resultados nos processos-chave da organização, é fundamental gerenciar o desenvolvimento e o engajamento emocional das pessoas.

As fases de implementação e gerenciamento podem ser mais bem entendidas a partir de *cases* reais. A seção a seguir descreve casos de quatro empresas, de segmentos diferentes, que implementaram o modelo de gestão estratégica – estratégia de crescimento ou *turnaround* –, cada uma à sua maneira, visando à obtenção de resultados superiores.

# 5

# Modelagem ECTA

Na prática, não seguimos ao pé da letra a descrição da teoria, mas a utilizamos como base para a estruturação da lógica que é implementada nas empresas.

**Para iniciarmos a etapa do diagnóstico**, em alguns casos, é importante primeiramente aplicar a Matriz Ecta para entender qual modelo utilizaremos – EC (estratégia para o crescimento) ou TA (*turnaround*). Para utilizar o modelo EC, é fundamental que a empresa tenha uma ou mais fontes de recursos financeiros, pois o crescimento pressiona a empresa a aumentar a necessidade de capital de giro, custo e despesa, antes de gerar resultado com o crescimento. As fontes de recursos financeiros são: aporte dos acionistas, endividamento e o próprio caixa gerado com a operação. Caso as fontes não estejam disponíveis, o modelo necessário é o TA (*turnaround*), para levar a empresa de volta ao quadrante EC com a finalidade de que ela possa ter condições de voltar a crescer de forma sustentável.

**O segundo passo** é definir a ambição dos empresários e executivos. Qual é o grande desafio a ser perseguido nos próximos cinco anos? Como podemos mensurar esse desafio? Também, nesse passo, precisamos refletir sobre o propósito da empresa, ou seja: qual legado e qual impacto desejamos gerar em nossos clientes e na sociedade?

A ambição e o propósito guiam nosso diagnóstico estratégico. **Nesse terceiro passo**, levantamos as oportunidades e a matriz de risco para os próximos cinco anos no modelo EC e de um a dois anos no modelo TA. Além da análise do macro e microambientes, para mapear oportunidades e riscos, analisamos como a empresa está preparada para enfrentar tal contexto, levantando seus diferenciais e pontos a desenvolver.

Assim, concluímos a etapa do diagnóstico. Existem duas formas de trabalharmos essa etapa: a tradicional, por meio de *workshops* com gestores; ou a ágil, mediante entrevista com executivos e a aplicação de questionário aos gerentes e coordenadores, e consolidação do material para utilizá-lo no *workshop* da etapa da formulação. Com a metodologia ágil, mapeamos o modelo mental dos gestores, entendendo os pontos de divergência e de alinhamento sobre o contexto e a empresa – muito importante para a formulação. Também conseguimos envolver mais pessoas no processo, que é fundamental para a etapa da execução.

**A etapa da formulação** inicia-se com um *workshop* com o material do diagnóstico consolidado. Com esse material, refletimos:

- **no modelo EC:** sobre focos estratégicos de crescimento, posicionamento estratégico e mercadológico e objetivos estratégicos de desenvolvimento interno;

- **no modelo TA:** acerca de oportunidades de curto prazo, para melhorar a qualidade da receita com clientes e produtos com maior valor agregado e competitividade, redução de custos, despesas e necessidade de capital de giro, redução do custo da dívida ou aumento do prazo da dívida e venda de ativos.

Em seguida, levantamos as iniciativas estratégicas, tanto no modelo EC quanto no TA. No modelo EC, as iniciativas estratégicas não entram no mapa estratégico. No modelo TA, as iniciativas são apresentadas no mapa *turnaround*. Cada iniciativa deve ser detalhada como um projeto, se for complexa; ou plano de ação, se for simples. Para concluir a etapa da formulação, organizamos tudo em um mapa para facilitar o desdobramento, a comunicação e o entendimento. No modelo EC, estruturamos o mapa estratégico e, no modelo TA, o mapa *turnaround*.

**Na etapa da execução**, iniciamos desdobrando a estratégia para dentro de cada área da empresa. Num primeiro momento, desdobramos o mapa em iniciativas táticas e, no segundo ano, em objetivos, indicadores e metas por meio da adaptação do GPD – gerenciamento pelas diretrizes. Em seguida, comunicamos o mapa construído e alinhamos o modelo de consequência à estratégia ou ao *turnaround*.

Também é necessário alinhar o orçamento e os processos à estratégia ou ao *turnaround*. O orçamento de capital e operacional precisa ser projetado para o mesmo horizonte de tempo adotado anteriormente – para os próximos cinco anos, no modelo EC, ou um a dois anos, no modelo TA.

Em seguida, inicia-se o **gerenciamento** na etapa de execução. Essa é a etapa mais importante de todo o processo. A metodologia de gerenciamento é importante para disciplinar os gestores, fazer com que dominem suas entregas, conquistar-lhes o engajamento emocional e gerar o ciclo de aprendizado contínuo. O aprendizado é muito importante para melhorar continuamente a qualidade da estratégia. Portanto, é nessa etapa que aprimoramos a qualidade da estratégia ou do *turnaround* da empresa.

Figura 14 – Modelagem Ecta

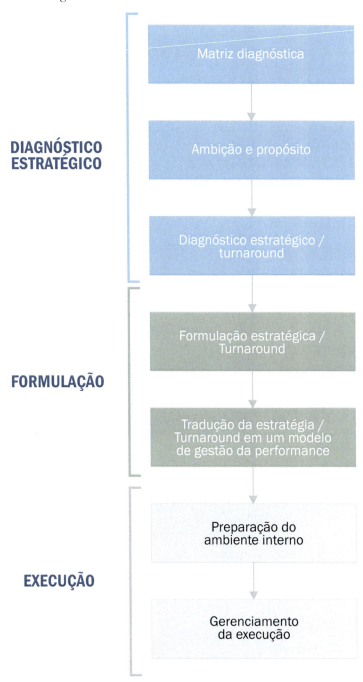

Fonte: o autor

# 6

# Modelo de gestão estratégica na prática – Casos de sucesso

## Recuperação judicial e *turnaround*: o caso da Açometal

### Resumo

Na Açometal, o grande nível de endividamento e geração negativa de caixa exigiu que o *turnaround* (TA) fosse aplicado junto ao processo de recuperação judicial (RJ). Além das dificuldades comumente encontradas na aplicação do TA, a empresa ainda teve que lidar com a baixa autoestima dos funcionários e uma gestão emocionalmente fragilizada. Em um contexto em que poucas empresas conseguem ser bem-sucedidas na superação de uma crise como essa, o caso da Açometal ressalta a importância da aplicação da metodologia de TA como forma de preparar a empresa para os desafios que enfrentariam no cumprimento de seu plano de recuperação.

### Introdução: desmistificando a RJ

"É como perder um ente querido. Você fica sem chão".

Com essas palavras, Antônio, sócio-fundador da Açometal, descreve o momento em que escutou dos consultores contratados que a empresa precisava entrar com um pedido de recuperação judicial (RJ). Era julho de 2015. Estavam reunidos na matriz da empresa em Sinop, Mato Grosso, junto ao seu sócio, que deixaria a direção da empresa dois meses depois. Sua ambição, ao solicitar aos consultores uma auditoria nas contas da empresa, nunca fora deflagrar o processo de recuperação judicial. Antônio vinha preocupado com o cenário externo desfavorável que se formava no País e com o alto endividamento da empresa e sentia necessidade de traçar, pela primeira vez, um plano estratégico formal para encarar esse novo contexto. Nunca imaginava que seria esse o resultado que encontraria.

À época, o mercado não estava favorável. A Açometal surgiu como uma empresa familiar, de médio porte, nascida no Centro-Oeste brasileiro. Sua principal fonte de receita decorre da venda de telhas de aço e telhas termoacústicas para os setores industrial e agropecuário mato-grossense. No período entre 2014 e 2015, a incerteza com a economia brasileira levou a uma queda abrupta no número de pedidos. Os setores de construção civil e agronegócio, principais segmentos de atuação da empresa, apresentavam desempenho longe do satisfatório. Os valores do PIB de ambos os setores vinham caindo mês após mês. O PIB da construção civil, principal mercado para a Açometal, apresentou queda superior à do PIB nacional, alcançando uma variação negativa de 9,0%, em 2015. Ademais, depararam com um aumento considerável da taxa de câmbio, que elevou o preço de contratos atrelados ao dólar: o valor médio do dólar entre os anos de 2014 e 2015 aumentou em quase 40%.

Figura 15 – Evolução do PIB, variação percentual com relação ao ano anterior

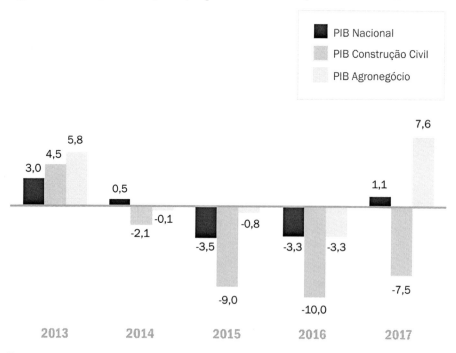

Fonte: o autor

Figura 16 – Evolução do câmbio, em R$ por US$, média anual

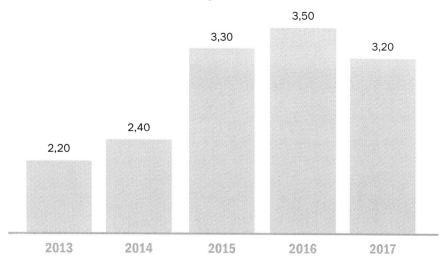

Fonte: o autor

Apesar disso, ninguém na empresa esperava que a situação estivesse tão grave a ponto de exigir o pedido de recuperação judicial. É verdade que não havia uma sistemática de acompanhamento de resultados institucionalizada, nem uma estratégia clara definida para o longo prazo. "A empresa estava à deriva", lembra Antônio. Ele sentia que frequentemente tinha que fazer aportes de capital na empresa, sem, contudo, observar retornos correspondentes. Os relatórios que eram emitidos e disponibilizados à gestão e aos acionistas não mostravam a insustentabilidade do nível de endividamento ao qual haviam chegado.

"Aqui em Sinop, o único caso de recuperação judicial que havíamos visto foi o de um frigorífico grande da cidade. Chocou a todos, não esperávamos que uma empresa de tanto tempo estivesse para quebrar. E agora diziam que nós também seguiríamos esse caminho", relembra Marina, diretora financeira e filha de Antônio.

Os gestores admitem que sabiam pouco sobre o processo de recuperação, mas reconhecem que ele carrega uma conotação negativa, talvez justamente decorrente do desconhecimento de como funciona. Os números são bem desanimadores: poucas empresas no Brasil conseguiram sair dessa situação.

Quadro 1 – O cenário da recuperação judicial no Brasil

| |
|---|
| -Em 10 anos, quase 7 mil empresas entraram em recuperação judicial no Brasil. |
| -Comércio – setor com mais pedidos de falência do que recuperação judicial. |
| -Sudeste – região que mais preferiu a recuperação judicial à falência. |
| -Centro-Oeste – região que possui a pior situação. |
| -1% das empresas que entraram em RJ conseguiram sair, 10% faliram, e o restante está no processo. |
| -Menos de 30% dos pedidos de RJ são aceitos. |
| -Plano leva de 6 a 10 anos, com 50 a 60% de deságio. |
| -Nos EUA, mais de 89% dos pedidos são aceitos, e 30% saem da RJ. |
| -Pedidos de falência caem 5,3% no acumulado até maio/2015. |
| -Pedidos de RJ sobem 25,6% no acumulado até maio/2015. |
| -57,7% dos pedidos são médias empresas. |

Fonte: o autor

Quadro 2 – Lei n.º 11.101, de 9 de fevereiro de 2005 – Regula a recuperação judicial, a extrajudicial e a falência do empresário e da sociedade empresária

| |
|---|
| Art. 47. A recuperação judicial tem por objetivo viabilizar a superação da situação de crise econômico-financeira do devedor, a fim de permitir a manutenção da fonte produtora, do emprego dos trabalhadores e dos interesses dos credores, promovendo, assim, a preservação da empresa, sua função social e o estímulo à atividade econômica. |
| (...) |
| Art. 49. Estão sujeitos à recuperação judicial todos os créditos existentes na data do pedido, ainda que não vencidos. |
| § 1o Os credores do devedor em recuperação judicial conservam seus direitos e privilégios contra os coobrigados, fiadores e obrigados de regresso. |
| Art. 50. Constituem meios de recuperação judicial, observada a legislação pertinente a cada caso, dentre outros: |
| I – concessão de prazos e condições especiais para pagamento das obrigações vencidas ou vincendas; |
| (...) |
| IV – substituição total ou parcial dos administradores do devedor ou modificação de seus órgãos administrativos; |
| VIII – redução salarial, compensação de horários e redução da jornada, mediante acordo ou convenção coletiva; |
| XI – venda parcial dos bens; |
| (...) |

> Art. 53. O plano de recuperação será apresentado pelo devedor em juízo no prazo improrrogável de 60 (sessenta) dias da publicação da decisão que deferir o processamento da recuperação judicial, sob pena de convolação em falência, e deverá conter:
> I – discriminação pormenorizada dos meios de recuperação a ser empregados, conforme o art. 50 desta Lei, e seu resumo;
> II – demonstração de sua viabilidade econômica; e
> III – laudo econômico-financeiro e de avaliação dos bens e ativos do devedor, subscrito por profissional legalmente habilitado ou empresa especializada.
> (...)
> Art. 56. Havendo objeção de qualquer credor ao plano de recuperação judicial, o juiz convocará a assembleia-geral de credores para deliberar sobre o plano de recuperação.

Fonte: adaptado de Brasil (2005, s/p)[6]

Demorou um tempo para entenderem que RJ não é sinônimo de falência. Do legado do trabalho que foi conduzido no período que se seguiu à decisão de entrada em recuperação, ficou a mensagem de que, mesmo diante de uma situação de aparente fracasso, como a que viviam, é possível dar a volta por cima, até quando tudo, em um primeiro momento, parece perdido.

A princípio, houve resistência à formulação do pedido, que veio, eventualmente, trazendo alívio para todos. O acordo da RJ foi homologado em 2016 e aprovado em assembleia realizada com os credores.

Qual o segredo do sucesso na recuperação da Açometal? "O índice de empresas que não saem da RJ é altíssimo. Mas, na Açometal, tivemos a oportunidade de fazer algo diferente", conta Carlos Bonato, consultor que liderou a equipe na empresa durante a recuperação. "A preparação para a recuperação judicial por meio do *turnaround* foi crucial". Hoje, poucos anos depois, a empresa conseguiu "estancar a sangria", nas palavras do André, diretor geral e filho de Antônio, e já prepara novas estratégias de crescimento.

## Estancando a sangria: formando a equipe e estabelecendo o plano de ação

"Naquele momento, precisávamos urgentemente de um norte". O resultado da auditoria que Antônio havia solicitado apontou um

---
[6] BRASIL. Lei n.º 11.101, de 9 de fevereiro de 2005. Regula a recuperação judicial, a extrajudicial e a falência do empresário e da sociedade empresária. **Diário Oficial da República Federativa do Brasil**, Brasília, 9 fev. 2005. Disponível em: http://www.planalto.gov.br/ccivil_03/_ato2004-2006/2005/lei/l11101.htm. Acesso em: 10 abr. 2019.

endividamento de 10 vezes o valor do Ebitda , valor em torno de R$ 40 milhões. Ficou claro que essa situação, aliada a um fluxo de geração de caixa negativo, em quase 20%, seria fatal. De acordo com as projeções feitas nessa época, a empresa abriria falência no prazo de 12 meses. O *turnaround* era imprescindível. Entretanto, dada a magnitude da crise identificada, não seria suficiente. Além disso, seria necessário blindar o ativo da empresa, para garantir sua volta por cima, por meio da recuperação judicial.

Figura 17 – Diagnóstico Açometal: endividamento acima de 5xEbitda e caixa gerado negativo exigiram o *turnaround* aplicado concomitantemente ao processo de recuperação judicial

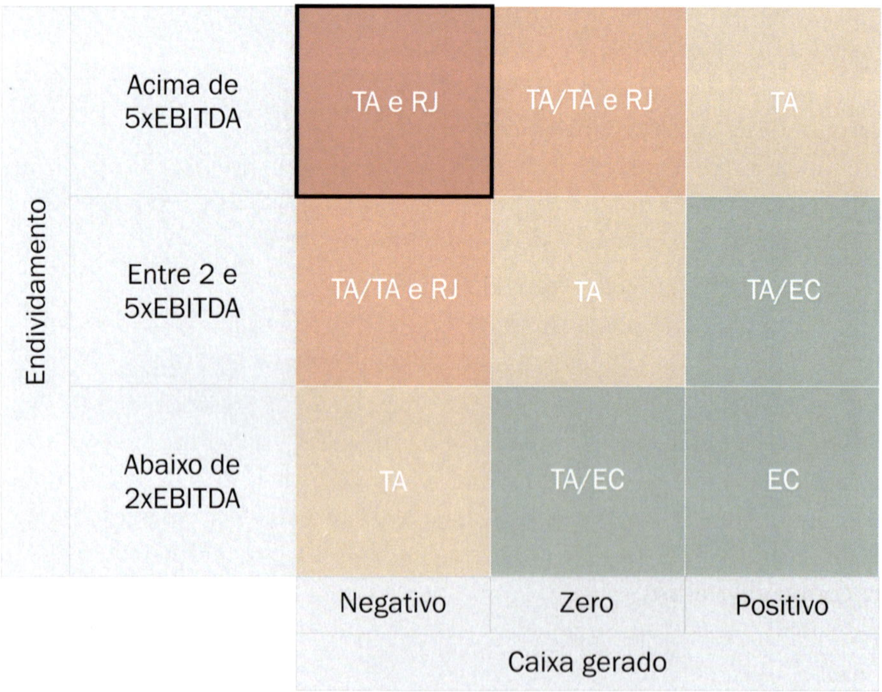

| Endividamento | Negativo | Zero | Positivo |
|---|---|---|---|
| Acima de 5xEBITDA | TA e RJ | TA/TA e RJ | TA |
| Entre 2 e 5xEBITDA | TA/TA e RJ | TA | TA/EC |
| Abaixo de 2xEBITDA | TA | TA/EC | EC |

Caixa gerado

Fonte: o autor

Antônio sabia que não teria condições de deixar de lado o fator emocional na condução da empresa durante esse processo. A moral dos gestores e funcionários estava em baixa. Seria uma época tensa, permeada pela necessidade de tomar decisões complexas e difíceis, especialmente para aqueles que viram tudo aquilo nascer e entendiam o esforço por detrás do desenvolvimento da empresa até aquele momento, como Antônio. Uma visão diferente seria benéfica: em situações como essa, nem sempre as mesmas pessoas que levam a empresa para a crise são as que conseguem fazê-la sair dela.

Assim, optaram pela contratação de pessoas externas à organização para conduzirem as etapas iniciais do processo. Seriam elas as figuras responsáveis pelas eventuais demissões, por exemplo, de forma que a confiança e imagem dos gestores não fossem comprometidas de forma significativa perante os funcionários. Era preciso garantir que todos ali estariam empenhados no alcance dos resultados e que o clima organizacional não seria abalado de forma irreversível pela crise pela qual a empresa passava.

A primeira incumbência da Consultoria foi montar a equipe que assumiria a condução da Açometal, após a entrada no processo de recuperação judicial, e que seria preparada para liderar todo o processo. André foi eleito para ocupar o cargo de diretor geral, Marina foi alocada no setor financeiro, e outras figuras-chave foram envolvidas em tarefas e responsabilidades para executar as ações propostas. André e Marina se lembram claramente do dia em que reuniram todos da equipe de trabalho e os convocaram para que se empenhassem no processo. "Estamos de joelhos, mas não estamos deitados. Essa empresa é todo mundo, e preciso da ajuda de vocês", clamou André. Apesar de ser da família fundadora, André possuía um perfil mais frio e pragmático, importante para o momento. Ele percebia que, apenas com o alinhamento de todos, os resultados começariam a aparecer. Seria fundamental que fosse fomentada a confiança na consultoria e no time que seria responsável pela condução da companhia nesse período tão delicado.

Com a equipe formada, um mapa de *turnaround* foi montado, junto a um plano de ação, que envolvia trabalhos intensos das figuras-chave da empresa, junto da consultoria. Durante dois dias no mês, o time se debruçava sobre relatórios, números e discutia alternativas e rotas de ação para o planejamento e execução do TA. Nesse momento de constrição de despesas, não se cogitou investir na implantação de um novo sistema informacional para a geração de relatórios. O banco de dados existente foi mais destrinchado e mais bem utilizado, para dele extraírem as informações necessárias. Eventuais controles paralelos em planilhas foram elaborados.

Eram dias que exigiam dedicação intensa de todos os envolvidos. O mapa de TA estava intimamente ligado a um plano de metas, desdobradas para os diferentes níveis da empresa e trabalhadas em torno de um único desafio voltado para a superação da crise: "crescer vendas garantindo margem líquida de 5%, focando em produtos com alta margem e fortalecendo presença nas regiões". Para 2016, a meta era alcançar R$4,5 mi/mês, com uma margem líquida de 5% e caixa de R$ 200 mil ao mês.

O mapa foi dividido em três dimensões. Na dimensão de resultados finalísticos, determinou-se como objetivos principais o aumento do lucro líquido e a geração de caixa, por meio do aumento da receita e da margem bruta, da redução das despesas e da necessidade de capital de giro. A ideia geral era rodar uma operação mais eficiente e direcionar esforços para as fontes de receita que possibilitassem o alcance dos resultados de forma mais rápida. Por isso, na dimensão focos de gestão, determinou-se que fossem priorizadas ações relacionadas à qualidade da receita e eficiência. A lógica era concentrar nos produtos com melhor margem e fazer girar o estoque dos produtos "encalhados", com baixo potencial de venda. Internamente, seria fundamental implementar uma gestão de resultados em toda a cadeia de suprimentos, garantindo maior integração das etapas dos processos de compra e venda de produtos.

Finalmente, na dimensão de fatores críticos, foram elencadas as principais ações que seriam conduzidas para a consecução dos objetivos traçados.

Modelagem Ecta

Figura 18 – Mapa *turnaround* Açometal

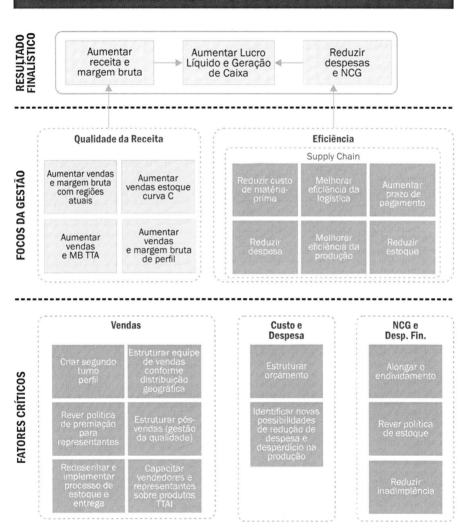

Fonte: o autor

## Fatores críticos de sucesso: melhores vendas, estrutura de custos enxuta e dinheiro em caixa

Os fatores críticos foram agrupados em: (1) vendas; (2) custos e despesas; e (3) necessidade de capital de giro e despesas financeiras. Englobaram ações prioritárias para mostrar aos credores que a empresa teria fôlego para executar o plano de recuperação elaborado e honrar com as dívidas contraídas. O desafio de se alcançar a margem de 5% seria superado não apenas por meio de um trabalho mais eficiente nas vendas, focando em produtos com alta margem, como também por meio da busca por maior eficiência nas operações de chão de fábrica e na melhor gestão das despesas administrativas e financeiras. A conquista da eficiência é primordial em um segmento de mercado, no qual *commodities* são o principal produto, ainda mais na situação em que se encontravam.

Os vendedores foram orientados a focar nos produtos com margens de contribuição mais elevadas, como a telha termoacústica. A produção dos perfis metálicos ganhou um segundo turno, aproveitando a ociosidade do maquinário e o potencial de penetração desse produto nos mercados já existentes. Foi realizado um trabalho próximo à equipe de vendas, melhorando sua distribuição geográfica, com foco nas regiões em que a empresa já atuava e o custo de conversão de clientes seria menor. Seguiram com a reformulação da política de premiação dos representantes, dando maior peso para os resultados dos grupos de produtos cuja venda deveria ser estimulada. A lógica seria condicionar o comportamento dos vendedores a venderem mais, o que traria dinheiro mais rápido. Em paralelo, foram realizados capacitações e treinamentos, para que os representantes soubessem trabalhar melhor os produtos mais rentáveis junto aos clientes.

Houve um trabalho de resgate da imagem da empresa com os clientes. Tiraram uma listagem de clientes do sistema e iniciaram conversas e negociações com cada um dos que não compravam mais, para trazê-los de volta. Reuniões eram marcadas para explicar a situação e esclarecer dúvidas – transparência sempre. Na visão do André, o histórico de parceria que a empresa estabeleceu com a maioria ao longo dos anos foi fundamental para o sucesso nessa frente.

As unidades de Várzea Grande e Tangará da Serra, que funcionavam prioritariamente como centros de distribuição, foram fechadas. Os materiais tinham que ir para a unidade principal em Sinop para serem usinados e voltar para essas localidades para a venda, o que encarecia o valor final do produto. Sendo assim, não conseguiriam uma margem competitiva no curto prazo e não vislumbravam horizontes de crescimento. Numa situação de contenção de despesas, essas unidades seriam um vilão para o TA. Houve, ainda, ganhos com a centralização da produção em uma única unidade, na matriz em Sinop, levando à eliminação de despesas redundantes e, consequentemente, a um processo mais eficiente.

Orçamentos foram elaborados para todos os departamentos e seguidos à risca. Dessa forma, garantia-se maior alinhamento das atividades operacionais às metas do TA. Esses orçamentos possibilitaram detalhar questões operacionais e responder questionamentos sobre os próximos passos a serem conduzidos. Por exemplo, qual limite de despesas administrativas para se alcançar as margens propostas? Ou: quando seria possível realizar novos investimentos?

A empresa parou momentaneamente suas importações. O preço da matéria-prima importada era imbatível. Contudo, com o foco em fazer caixa, tornava-se impensável realizar uma compra à vista de grandes volumes, para recebimento da mercadoria somente em um prazo de 120 dias, que é o esperado em situações como essa. Com o passar dos meses e com um caixa mais robusto, eventualmente, a matéria-prima pôde voltar a ser importada. Essa decisão veio embasada após constatada a evolução positiva dos números da empresa e, nesse segundo momento, contribuiu para se alcançar as metas estabelecidas para as margens de compra.

Foi fundamental rever os processos de gestão de estoque, levando um modelo efetivo de gestão de resultados para a cadeia de suprimentos. Um primeiro passo foi entender que havia espaço para reduzir o número de dias de estoque. Entenderam que seria possível reduzi-los para a metade, de 60 para 30 dias. "Um estoque mais enxuto vai estressar mais meu comprador, que vai ter menos folga. Mas esse estresse pessoal ele consegue gerenciar. Agora, gerenciar meu caixa, isso eu quero ver". Passaram a controlar os custos e comparar práticas entre os compradores. Todas as compras passaram a exigir a aprovação do diretor, que, por consequência, ganhou mais controle sobre o processo. Implementaram uma rotina de inventário cíclico e mensal. No início, os próprios gestores iam até o estoque fazer as contagens de mercadorias e instruir os responsáveis sobre as novas ferramentas de controle.

Maior controle possibilitou enxergar desvios de estoque, como erros de contagem, que foram reduzidos drasticamente. O valor total da diferença entre estoque físico e estoque contábil alcançava a casa dos milhões de reais, em 2015. O índice de acuracidade, dado pelo quociente entre a quantidade de itens sem divergência e a quantidade de itens totais, era de apenas 30%. Reduzir essa diferença é imprescindível para uma empresa que deseja trabalhar com estoques menores e reduzir erros ao longo da cadeia de suprimentos na busca de uma melhor otimização dos processos logísticos. As ações conduzidas a partir dessas análises permitiram regularizar o estoque já em maio de 2016.

Também contribuiu para maior eficiência logística da cadeia de suprimentos a utilização de agregados para fazer as entregas, sem a necessidade de frota própria. Agregados são profissionais autônomos, proprietários de veículos próprios, que criam relações de fidelidade com a empresa que atendem. Essa fidelidade garante maior previsibilidade na disponibilidade do serviço e uma entrega competitiva, sem os custos envolvidos com a manutenção de caminhões e veículos, nem as despesas de uma folha de pagamento inchada.

Nas reuniões, o time passou a discutir melhor a formulação dos preços de venda, abrindo espaço, por exemplo, para produtos que podiam ter uma margem reduzida momentaneamente, para gerar caixa de forma emergencial. Produtos da curva C, que representavam cerca de 70% do portfólio da empresa, foram "queimados" para fazer caixa. Além disso, foi feita a venda de parte da frota de carros e caminhões, que frequentemente se mostravam ociosos. Com dinheiro em mãos, as decisões poderiam ser tomadas com melhores resultados.

Passaram um pente fino nos contratos da empresa e revisaram parcerias existentes. Algumas foram revistas, aquelas em que o retorno não estava sendo atrativo. André se lembra de um caso em que um dos parceiros era amigo da família, de longa data, com quem o rompimento fora bem doloroso. Entendia, no entanto, que o momento exigia decisões difíceis como essa: o que não dava resultado não poderia permanecer. Hoje em dia, a tomada de decisões sobre parcerias é feita com um viés mais estratégico. São mais pensadas, com foco no longo prazo.

O mesmo procedimento se aplicou ao quadro de funcionários. Se, antes da RJ, a empresa havia chegado a 195 empregados, após deflagrar o processo, esse número caiu para pouco mais de 100. Em um primeiro momento, era necessário enxugar despesas. O corte inicial foi grande. Em seguida, com a implementação do novo modelo de gestão, ficou muito claro quem entregava e quem não entregava resultados. Assim, eram mantidos apenas os estratégicos, que se demonstravam importantes para o sucesso da empresa. Os que restaram acumularam mais funções e foram forçados a buscar maior eficiência em todas as atividades. Hoje, já estão no mesmo patamar de faturamento de 2015 e com um quadro de funcionários menor que daquela época.

Olhando para fora, era preciso entrar em contato com os credores. Menos de 30% dos pedidos de RJ são aceitos pela Assembleia de Credores, justamente devido a dificuldades nos processos de negociação: dificilmente os credores aceitam os níveis propostos de deságio sobre as dívidas contraídas pela empresa devedora. Com isso em mente, houve um esforço especial na negociação com credores, para que o plano fosse aprovado em assembleia. A equipe se dividiu em duas, encarregados em negociações de maior porte e negociações de montantes menores, e cada um dos credores foi visitado. Uma das propostas levadas aos fornecedores de matéria-prima envolveu a promessa de pagamento de 100% da dívida, sem deságio, no prazo de dois anos, desde que se garantisse crédito para compra de matéria-prima, para pagamento em 30 ou 60 dias. Algumas das dívidas foram vendidas a fundos, como forma de concentrar os votos para aprovação, com o comprometimento de um ressarcimento com menor deságio.

## Um novo modelo de gestão: cultura de controle, cobrança e confiança

"Pensa na empresa como uma cozinha. A comida saía, mas não sem antes deixar a pia bagunçada e quase acabar com o que estava na geladeira. Todo o processo exigia muito esforço". Era necessário mudar.

"Quem não tem controle não tem nada", afirmava a consultoria, nas reuniões de resultado. Essas palavras ainda ressoam nos ouvidos do André, que afirma que a principal mudança na empresa foi a instauração de uma cultura de controle; números e relatórios; reuniões periódicas. "Sem números e sem uma análise crítica dos resultados, não venha para a reunião" era o lema. As respostas aos porquês dos resultados insatisfatórios não podiam mais ser vagas ou deixadas para depois. Os gestores passaram a ter que se preparar para os encontros, o que, com o passar do tempo, passou a ser internalizado por cada um. Hoje, nas conversas entre membros da empresa, ouvem-se apenas números, percentuais e discussões sobre as causas dos desvios das metas. Todos já estão mais familiarizados com essa forma de enxergar o negócio e suas atividades. A tomada de decisão passa a ser mais bem fundamentada.

É verdade que a empresa possuía metas anteriormente, mas que não eram acompanhadas. Não se cobravam resultados melhores. Bateu a meta? Ótimo. Não bateu? Nenhum novo rumo era tomado. "No processo de TA, entendemos que deveríamos ser mais rigorosos, obedecer ao plano que traçamos para nossos objetivos", reconhece Antônio, inclusive, fomentando o pensamento de longo prazo. Várias reuniões foram organizadas para se pensar o fluxo de caixa de anos para frente.

Diversas áreas participavam das reuniões e se inteiravam do que ocorria em outras, buscando maior integração. Antes, havia diversas gerências que foram reunidas em um número menor de diretorias, para otimizar o processo de tomada de decisão. Se antes havia vários responsáveis, e ninguém era responsabilizado por nada, hoje, cada ação que sai de uma reunião tem um nome atrelado a ela. Esses detalhes ajudavam a fomentar o envolvimento de todos nas ações propostas e assegurar disciplina na busca de resultados.

Um ponto-chave foi a confiança depositada na consultoria que veio de fora e que passou a controlar totalmente o caixa da empresa. Em um primeiro momento, essa confiança veio da franqueza com que se tratavam os temas e com a clara disposição em ajudar no processo de virada; "mais do que preocupados com os ganhos próprios", sentiam que os profissionais da consultoria eram preocupados com a empresa, como se dela também dependessem. As soluções apresentadas eram factíveis e, já nos primeiros meses, começaram a dar resultados. A confiança foi aumentando. A cada meta alcançada, um novo gás era injetado na equipe. O clima de derrota trazido pela RJ já não era visto com pouco tempo na condução do plano. Uma maior integração das equipes, por meio da rotina de reuniões de acompanhamento de resultado e união de departamentos, difundiu rapidamente uma nova cultura focada em dar a volta por cima. "Não existe terra arrasada, tudo é possível. Quando os funcionários entenderam que era possível superar e voltar a crescer, deslanchamos", lembra André.

Perceberam com o tempo a importância de terem disciplina na condução do plano de melhoria proposto pela consultoria. Com o passar dos meses, eles próprios passaram a se sentir confiantes e maduros o suficiente para proporem os próprios planos e tomar decisões com relação aos planos a serem adotados. Quanto maior a familiaridade com números, relatórios, dados e fatos, mais seguros estavam para tomar as decisões. Tudo foi construído e executado em conjunto com os gestores, facilitando a conquista de um maior engajamento emocional.

## O futuro: finalmente, o crescimento

Recomenda-se que o processo de *turnaround* deva durar de seis meses a um ano, para que só então a empresa volte a vislumbrar uma estratégia de crescimento. Com a RJ, esse prazo não deve estender-se por mais de dois anos, para que o mercado não mude a percepção sobre a proposta de valor da empresa e para que a cultura entre os funcionários não fique abalada. Na Açometal, o *turnaround* rodou de 2015 até 2017, quando foi, finalmente, elaborado um plano estratégico de crescimento. Três anos depois, a maioria das dívidas já está paga. Esse sucesso rápido na volta por cima mostrou para a cadeia a solidez e confiabilidade da empresa.

Figura 19 – Açometal: receita (em R$1.000) e margem de contribuição, meses selecionados

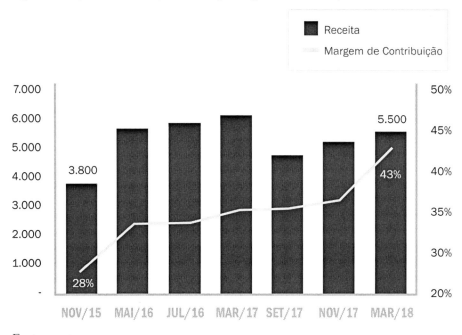

Fonte: o autor

Ao deflagrar o processo de RJ, a Açometal contabilizava uma dívida de R$ 42,4 mi. Já em março de 2017, esse valor chegou a R$ 17,1 mi, parcelado em 10 anos e com dois anos de carência, graças ao trabalho extensivo de negociação com os credores. No período de novembro de 2015 a março de 2018, a receita mensal saltou de R$ 3,8 mi para R$ 5,5 mi, alcançando R$ 56 mi anuais, com uma margem de contribuição de 43% – 53% maior que no início dos trabalhos. As despesas administrativas reduziram em 25%, caindo de 32% para 17% da receita. A liquidez, calculada como a diferença entre o ativo e o passivo circulantes da empresa, quase dobrou no mesmo período. É um indicativo de que a estratégia de gerar caixa fora bem-sucedida.

Com a superação do desafio elaborado em 2015, veio um novo. Agora que a "cozinha" estava organizada, a empresa podia, finalmente, debruçar-se sobre uma estratégia de crescimento, com foco em 2020. Missão, visão e valores da empresa foram unidos e reformulados em um único número, de fácil assimilação, na expectativa de gerar maior alinhamento de toda a equipe. Foi a estratégia 1:15:45: R$ 100 milhões de faturamento, Ebitda de 15% e receita de telhas termoacústicas de R$ 45 milhões. Um novo mapa foi elaborado para guiar os trabalhos. O desafio, agora, foi ambicioso: tornar-se referência em crescimento sustentável e líder em produtos termoacústicos.

Figura 20 – Açometal: mapa estratégico 2020

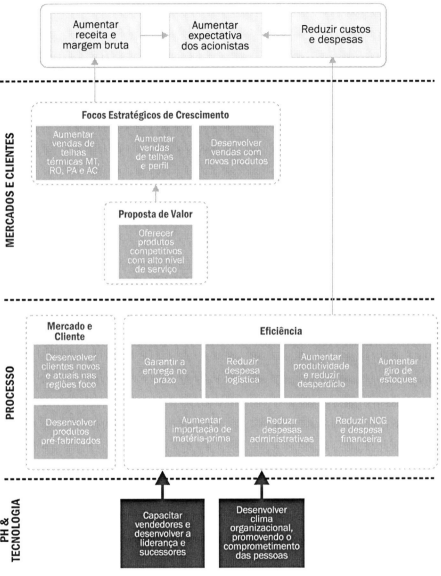

Fonte: o autor

Quadro 3 – Resumo dos resultados obtidos no período de 2015 a 2018

| |
|---|
| - Qualidade da receita |
| . receita se elevou e se manteve no patamar de R$ 56 mi |
| . margem de contribuição subiu de 28% para 43% |
| - Despesa |
| . reduziu em 25% |
| - Capital de giro |
| . reduziu em R$ 1,5 mi, injetados diretamente no caixa |
| - Lucro líquido |
| . elevou-se de 1,74% para 5%, de 2015 a 2018 |
| - Dívida |
| . a redução na dívida foi de R$ 42,4 mi, em 2015, para R$ 17,1 mi, em 2018, para ser paga em 10 anos, com dois anos de carência |

Fonte: o autor

Se a Açometal antes tinha uma dívida de R$ 40 milhões, hoje esse mesmo valor é a ordem de grandeza de seu *evaluation* no mercado. Atualmente, a empresa já vislumbra crescimento e avalia as alternativas. André já tem confiança para tomar decisões sem a participação da consultoria, que preparou sua saída da empresa ao final da recuperação.

"Você não pode parar, o que é bom hoje não é bom amanhã", temos sempre que pensar no que está por vir. "Sair da zona do conforto é essencial. Hoje viajo, vou para São Paulo, visito feiras, faço contatos. A empresa tem que se mexer. Existem diversas possibilidades e é necessário entender que um mesmo problema pode ter várias soluções possíveis, várias inimagináveis em um primeiro momento. Não podemos nos acomodar".

O cenário de 2019 não se mostrava tão tranquilo, com incertezas ainda na conjuntura nacional e internacional. Contudo, André sentia claramente maior tranquilidade para enfrentar o futuro, junto aos demais integrantes da Açometal. A suposta marca do fracasso, trazida pela recuperação judicial, já não os acompanha mais.

# Planejamento estratégico para crescimento: o caso do Apsen

## Resumo

A sobrevivência no setor farmacêutico exige das empresas um trabalho simultâneo de manutenção do portfólio, frente às altas pressões regulatórias impostas ao segmento, e investimentos constantes em pesquisa e desenvolvimento, devido à concorrência acirrada dos genéricos e dos grandes laboratórios. O Apsen entendeu a complexidade do mercado e descobriu, no planejamento estratégico, a chave para chegar aos resultados almejados. Em uma empresa que preza por uma cultura diferenciada, na qual as pessoas sempre estão em primeiro lugar, como introduzir uma gestão estratégica voltada para resultados sem perder a essência e o bom clima organizacional?

## Pessoas acima de tudo: entendendo a cultura Apsen

"A gente tem que ter uma missão nessa vida", reflete Renato, CEO do Apsen. Ele parece já ter encontrado a sua e faz questão de que seja compartilhada por todos os colaboradores da organização que lidera. Lá, as pessoas sempre virão primeiro, seja na concretização do propósito da empresa, melhorando a qualidade de vida dos clientes, seja na forma como ela se organiza internamente.

De fato, esse discurso é compartilhado por todos no Apsen: "Não se fala tão diretamente sobre os resultados financeiros, tanto quanto se fala sobre a felicidade das pessoas na empresa", aponta Castanha, diretor comercial. A percepção é de que o clima é leve e há preocupação com o bem-estar das demais. Horas-extras foram cortadas na tentativa de propiciar um melhor equilíbrio entre a vida profissional e pessoal. A meritocracia permeia as diversas áreas, e uma estrutura horizontalizada favorece a comunicação entre todos os níveis hierárquicos. O resultado econômico-financeiro é visto como consequência.

Essa cultura sempre foi carregada e fomentada pelos proprietários. O Apsen sempre foi uma empresa familiar. Fundada no final da década de 1960, em São Paulo, por Mario Spallicci e sua esposa, D. Irene Spallicci, produzia inicialmente insumos derivados de fontes animais para a indústria farmacêutica. Hoje, Renato e Renata, filho e neta do casal fundador, comandam um laboratório que conta com 1,3 mil colaboradores e mais de 40 marcas de produtos diferentes. Atuam produzindo medicamentos nos segmentos relacionados às classes de Sistema Nervoso Central (SNC), Otorrinolaringologia, Muscular/Esquelética, Urologia, Ginecologia, Angiologia e Gastrenterologia.

Aqueles que vieram de outras organizações notam de imediato a diferença no clima organizacional do Apsen. Quem já trabalhou em empresas do segmento farmacêutico afirma que nunca viram igual dentro do setor. O Apsen possui um *turnover* de funcionários de 0,4%, um índice de 95% de engajamento, e 86,6% da equipe se declara satisfeita em fazer parte da empresa, segundo pesquisa interna realizada em 2019. Esses números validam a preocupação dos sócios em assegurar a satisfação das pessoas com o trabalho.

Contudo, durante a primeira metade da década de 2010, os sócios perceberam que a intenção saudável não estava se convertendo em resultados financeiros. A cultura organizacional criou uma empresa focada nas pessoas, com processos e estratégias criados em torno do bem-estar dos colaboradores. Contudo, por vezes, as áreas sentiam falta de um direcionamento estratégico mais preciso, que permitisse potencializar as ações desenvolvidas. Em 2014, por exemplo, a empresa optou por entrar no mercado de medicamentos OTC (*over the counter*), vendidos fora do balcão nas farmácias, levando a empresa a desviar de seu foco estratégico. Esse segmento necessita de processos diferenciados de venda, além de altos investimentos em mídia e propaganda, o que nunca foi parte da *expertise* do Apsen.

Como consequência, os resultados, em 2015, foram longe de satisfatórios. Além de um baixo crescimento em comparação com outros *players* da indústria e das dificuldades advindas de um novo marco regulatório para o setor, os acionistas não tinham segurança sobre os caminhos que a empresa estava traçando para seu futuro.

Na hora de buscar ajuda para organizar a fase turbulenta pela qual passava a empresa, Renata tinha em mente as particularidades da cultura organizacional do Apsen. "Não queria que alguém chegasse aqui com um modelo pronto, engessado, sem conhecer a nossa dinâmica primeiro". Mas ela sabia que essa ajuda, naquele momento, era imprescindível.

## Como dar conta do que está por vir: a introdução ao planejamento estratégico

"Era muita demanda, diferentes oportunidades e riscos para considerar. A gente precisava estruturar para atender ao que estava por vir", relembra Renata. No início dos anos 2000, até meados de 2010, o mercado farmacêutico foi abalado com um aumento significativo nas pressões regulatórias por parte da Anvisa[7].

---
[7] Agência Nacional de Vigilância Sanitária.

Uma primeira resolução importante emitida pela entidade passou a obrigar as empresas do setor a criarem procedimentos para acompanhar o ciclo de vida dos medicamentos, mesmo após a obtenção do registro inicial de cada um. O acompanhamento do pós-registro passou a exigir da indústria farmacêutica que informasse à Anvisa todas e quaisquer alterações no processo produtivo dos medicamentos, desde alterações ou inclusões de novos locais de fabricação, novos fornecedores, diferentes equipamentos de produção, alterações de embalagem e rotulagem, até alterações de texto de bula, de prazos de validade e de cuidados de conservação. Além de exigir o desenho de novos procedimentos internos, essas exigências passaram a demandar a produção de um volume extraordinário de documentos para submissão e apreciação pela Anvisa, em um processo extremamente moroso e burocrático[8].

Antes de 2003, houve uma mudança grande, quando se passou a exigir que todas as empresas detentoras de registros de medicamentos similares realizassem testes de bioequivalência para renovação dessa certificação. O teste de bioequivalência passou a ser obrigatório como forma de demonstrar se o medicamento similar e seu respectivo medicamento de referência, aquele que passou pela pesquisa clínica para comprovar sua eficácia e segurança antes do registro, poderiam apresentar efeitos similares no organismo humano.

Para o Apsen, esse novo cenário exigiu a readequação de todos os produtos de seu portfólio à nova legislação. Naquele momento, foi necessária dedicação total da equipe técnica da empresa, para garantir que pudessem continuar a produzir e a comercializar os produtos existentes. Essa passou a ser a preocupação exclusiva do laboratório durante anos.

Com isso, os esforços de pesquisa e desenvolvimento foram deixados de lado. Importante salientar que, na indústria farmacêutica, o ciclo de desenvolvimento de novos produtos leva, em média, de um a oito anos. Muitos produtos lançados hoje começaram a ser desenvolvidos há mais de meia década. Assim, com o time de P&D focado nas adequações exigidas pela Anvisa, em 2015, o Apsen chegou à preocupante conclusão de que não havia novos produtos para lançar no mercado.

O foco estratégico do Apsen sempre foi a prescrição. No entanto, diante dessa situação de não ter o que lançar e como forma de acelerar o processo de lançamento, os gestores optaram por lançar alimentos funcionais que passam por prescrição médica e possuem um ciclo de desenvolvimento

---

[8] MARCHETTI, Raquel Cristina Henriques. **Histórico de mudanças de produto**: uma inovação para os processos de alterações pós-registro de medicamentos. Rio de Janeiro: Fundação Oswaldo Cruz, 2015.

mais curto, de dois anos, tais como Lactosil, Motilex e Extima. Mas também desviaram o foco estratégico, entrando em OTC.

Outra opção estratégica para os gestores eram os genéricos, que exigem um parque fabril robusto e com larga escala. Ambas as estratégias, OTC e genéricos, não eram e nunca foram as diretrizes e os desejos do CEO da empresa, Renato. O foco sempre foi a prescrição e os produtos com maior valor agregado.

Uma terceira opção estratégica considerada foi a atuação em hospitais e licitações. Apesar de não ter um portfólio dedicado a esse canal, havia produtos interessantes para licitações. Os resultados aqui foram prejudicados por uma estratégia de precificação equivocada, que considerava toda a força dos representantes (propaganda médica) – que não atuam nesse canal – no cálculo do desconto/preço final.

Quadro 4 – Prazo médio de lançamento de produtos da indústria farmacêutica, de acordo com sua complexidade

|  | **ESTRATÉGIA** | **PRAZO DE LANÇAMENTO** |
|---|---|---|
| Entrada 3 | inovação radical | 8 a 12 anos |
|  | incremental (associações, novas indicações, vias administração etc.) | 5 a 7 anos |
| Entrada 2 | licença, similar e genérico | 3 a 4 anos |
|  | primeiro genérico/primeiro similar/produtos pdp/prod. estratégicos SUS | 2 a 3 anos |
| Entrada 1 | troca de dossiê (produção própria) obs.: com dossiê bem estruturado | 2 anos |
|  | compra de dossiê e troca de dossiê (produção em terceiro) e alimentos e dermocosméticos | Até 1 ano |

Fonte: o autor

Com o portfólio atual atingindo sua maturidade, as vendas da empresa desaceleraram. O comercial não conseguia ser criativo no mercado com o portfólio sendo atacado pelos genéricos. Era preciso defender o portfólio no PDV (ponto de venda – farmácias). Enquanto isso, o mercado farmacêutico seguia crescendo ano a ano em uma velocidade muito superior à do Apsen. Em 2012 e 2013, a indústria farmacêutica observava um acréscimo na demanda, em unidades, de 9 e 13%, respectivamente, ao passo que o Apsen alcançava 5 e 4%. Em 2014, conseguiu igualar o percentual de crescimento em termos de unidades (7% para ambos), mas a custas de uma política de descontos pouco sustentável. Dessa forma, o resultado não refletiu no faturamento: naquele ano, o crescimento da receita ainda se mostrou inferior à média do mercado. E, em 2015, no ano seguinte, a situação voltou a se repetir com o mercado crescendo 8% em unidades e 16% em valor (R$), e o Apsen, 5% e 13%, respectivamente.

Figura 21 – Crescimento da demanda com relação ao ano anterior, em unidades

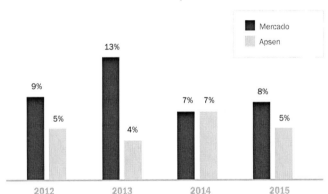

Fonte: o autor

Figura 22 – Crescimento da demanda com relação ao ano anterior, em valores

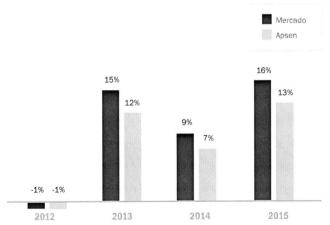

Fonte: o autor

Em 2012, o Ebitda apresentou uma queda de 4% em comparação com o ano anterior. Esforços voltados para redução de custos, por meio, principalmente, de cortes no quadro de funcionários, permitiram que houvesse um respiro no resultado de 2013, quando houve um crescimento de 16%. No entanto, essas ações de redução de despesas logo se mostraram insuficientes para o longo prazo, e a queda nos resultados veio novamente em 2014. Ademais, tais resoluções acabaram por prejudicar áreas críticas da empresa, como o P&D (Pesquisa & Desenvolvimento), praticamente reduzindo o desenvolvimento de novos a zero e, pior, enfraquecendo o pós-registro e aumentando o risco de perda de portfólio.

Figura 23 – Crescimento do Ebitda com relação ao ano anterior

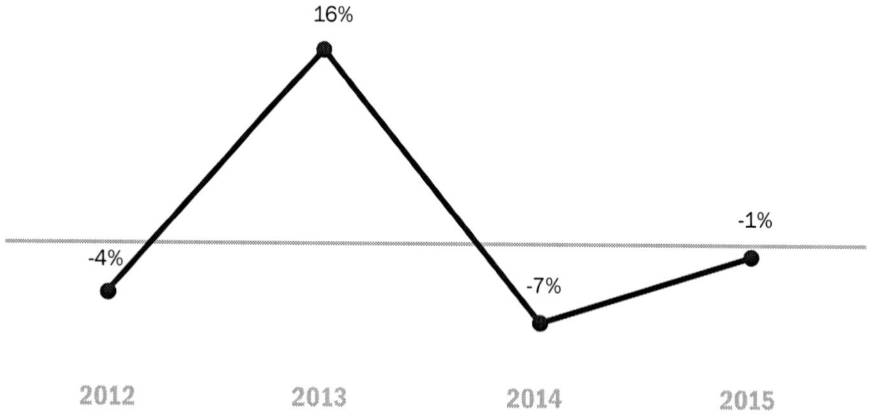

| 2012 | 2013 | 2014 | 2015 |
|------|------|------|------|
| -4%  | 16%  | -7%  | -1%  |

Fonte: o autor

Como era possível o Apsen não acompanhar o bom momento do segmento durante esses anos? Como lidar com todas as exigências impostas pela Anvisa, garantir o controle e assegurar um crescimento sustentável? Como garantir maior constância nos resultados da empresa, ano após ano?

A resposta, acreditava Renata, estava na estruturação do planejamento estratégico da empresa.

## Dando os primeiros passos: o planejamento para 2020

Em 2014, os acionistas começaram a buscar no mercado profissionais para auxiliar a empresa em seus próximos passos. Cândido foi o primeiro a entrar para assumir a parte de operações, seguido de Kléber, que teve o desafio de organizar a área de P&D.

Com Kléber, Renata conseguiu a indicação de uma consultoria externa para auxiliar no planejamento estratégico do Apsen. Os objetivos seriam repensar a estratégia com foco no crescimento sustentável e subsidiar a implantação de um processo de gestão estratégica com foco no crescimento sustentável. Isso permitiria formar as bases para um processo de gerenciamento estratégico integrado, contínuo e eficiente. Para tanto, o alinhamento da organização à estratégia seria fundamental, e sabiam que enfrentariam o desafio de desenvolver uma visão compartilhada com todos na empresa.

Os primeiros dias de trabalho, liderados pela consultoria, em julho de 2015, envolveram conversas aprofundadas com os acionistas. Renato e Renata refletiram sobre as expectativas com relação ao futuro da empresa e, principalmente, buscaram entender as dores que precisariam sanar para que esse futuro se concretizasse. Dessas conversas, saiu a meta do Apsen para o horizonte dos cinco anos seguintes. Em 2020, o objetivo seria alcançar R$ 1 bilhão de faturamento, com 30% de Ebitda e 40% da receita advinda de novos produtos: a estratégia 1-30-40. Reunir a estratégia em um *slogan* de fácil assimilação facilita sua comunicação para todos os níveis da empresa. E essa comunicação é essencial para garantir que todos estejam alinhados para um objetivo comum e reúnam esforços na busca dos resultados da empresa.

Após a reflexão dos sócios, foi mapeado o modelo mental dos gestores, ou seja, definida a forma como eles compreendiam o contexto e o papel do Apsen. Foram realizados dois *workshops* de reflexão e alinhamento, resultando na consolidação da análise estratégica e estruturação do mapa estratégico. A meta global foi desdobrada para o nível das equipes, de forma a assegurar que cada uma delas pudesse entender a sua contribuição para o resultado da empresa e até como deveriam atuar para que esse resultado se concretizasse. Ademais, ao associar as metas individuais ao plano global da empresa, garante-se maior integração entre as áreas, evitando prejuízos advindos da departamentalização ou formação de "feudos". "Cada área era seu próprio feudo. Com isso, as relações eram só do tipo ganha-perde", observam os diretores. As metas foram pactuadas e, para cada uma, foi elaborado um plano de ação correspondente.

Além do desafio de cinco anos, compartilhado por todos, o planejamento estratégico deixou claro o propósito da empresa – a busca pela "melhoria de vida das pessoas" – e seu posicionamento estratégico – "soluções completas com inovação incremental para ser referência nas especialidades: otorrinolaringologia, urologia, angilogia, neurologia, psiquiatria, gastrenterologia e medicina muscular.". Essa definição foi importante para fazer com que a empresa voltasse a ter foco e não gastasse energia e recursos com segmentos pouco rentáveis, como OTC (*over the conter*), genérico e outros.

Na análise estratégica realizada com os gestores, tendo como base o posicionamento elaborado, foram definidos os fatores-chave de sucesso do negócio, que serviriam como insumos para levantar os diferenciais e pontos a desenvolver da empresa:

Fatores-chave de sucesso

- produto inovador com eficácia, segurança e preço competitivo
- relacionamento com médico, ponto de venda (PDV) e consumidor
- nível de serviço
- eficácia e eficiência comercial
- soluções completas nas especialidades-alvo

A meta para 2020 foi desdobrada em um mapa estratégico, organizado em quatro dimensões conectadas por relações de causa e efeito: resultados financeiros, mercados e clientes, processos, RH e tecnologia. Novamente, garantindo maior transparência na divulgação e facilitando o desdobramento daquilo que se esperava para o futuro do laboratório.

Com foco em assegurar um crescimento sustentável e alcançar as margens estabelecidas para o Ebitda , foram determinados, na perspectiva financeira, os objetivos de aumentar a receita e a margem bruta e reduzir custos e despesas, com foco em atender às expectativas dos acionistas dentro do plano 1-30-40. Na dimensão de mercado e clientes, definiu-se como fundamental a declaração dos focos estratégicos de crescimento e a comunicação da proposta de valor do Apsen, centrada em prover produtos confiáveis, aprofundar o relacionamento com o médico e melhorar o nível de serviço oferecido aos consumidores. A estratégia de crescimento envolveria a intensificação da atuação do Apsen nos pontos em que foi constatado que a empresa já possuía uma presença forte: na participação no mercado de medicamentos vendidos por prescrição (presença no médico); no desenvolvimento de inovações incrementais e primeiro similar; e no trabalho mais dedicado com os pontos de venda visitados.

Um resultado adicional seria conseguido, ainda, por meio da venda para o segmento institucional, em que as margens são menores e as vendas mais volumosas.

Para as diretorias técnica e novos negócios, comercial, industrial e administrativo-financeira, esses objetivos se traduziram no desenvolvimento de clientes, *portfólio* e na busca por eficiência em todos os processos da empresa.

A execução do plano elaborado teve início em janeiro de 2016, com reuniões mensais de acompanhamento, aprendizado estratégico e correções de rumo, além do acompanhamento da consultoria. Aos gestores, cabia a tarefa de apresentar uma análise crítica do seu resultado, por meio da metodologia FCA (fato-causa-ação). Dessa forma, passou-se a exigir que dominassem os resultados e os fatores envolvidos no seu alcance.

Durante os primeiros meses de execução dos planos de ação, ficou claro que havia áreas que se destacavam em meio às demais, devido ao nível de preparo do time para dar sequência às atividades. Outras, contudo, frequentemente deixavam a desejar nas entregas, por vezes, oferecendo resistência às mudanças propostas e, por outas, demonstrando falta de *expertise* técnica para dar sequência às tarefas. Os acionistas logo perceberam que seria necessário renovar as lideranças em alguns departamentos, de forma a garantir uma equipe de primeiro nível comprometida com o plano estratégico traçado.

Essa conclusão levou, inevitavelmente, a demissões e a novas contratações. Para trabalhar junto aos acionistas, foi criada uma área de planejamento estratégico, subordinada diretamente à Renata e ao Renato, bem como estruturadas três diretorias – industrial, técnica e comercial –, que responderiam diretamente a eles. As novas diretorias passaram, portando, a reunir departamentos, antes independentes, dentro uma gestão comum, com o objetivo de potencializar suas sinergias, melhorar os fluxos de comunicação e as cadeias de entregas de resultados.

Figura 24 – Mapa estratégico Apsen 2015-2020

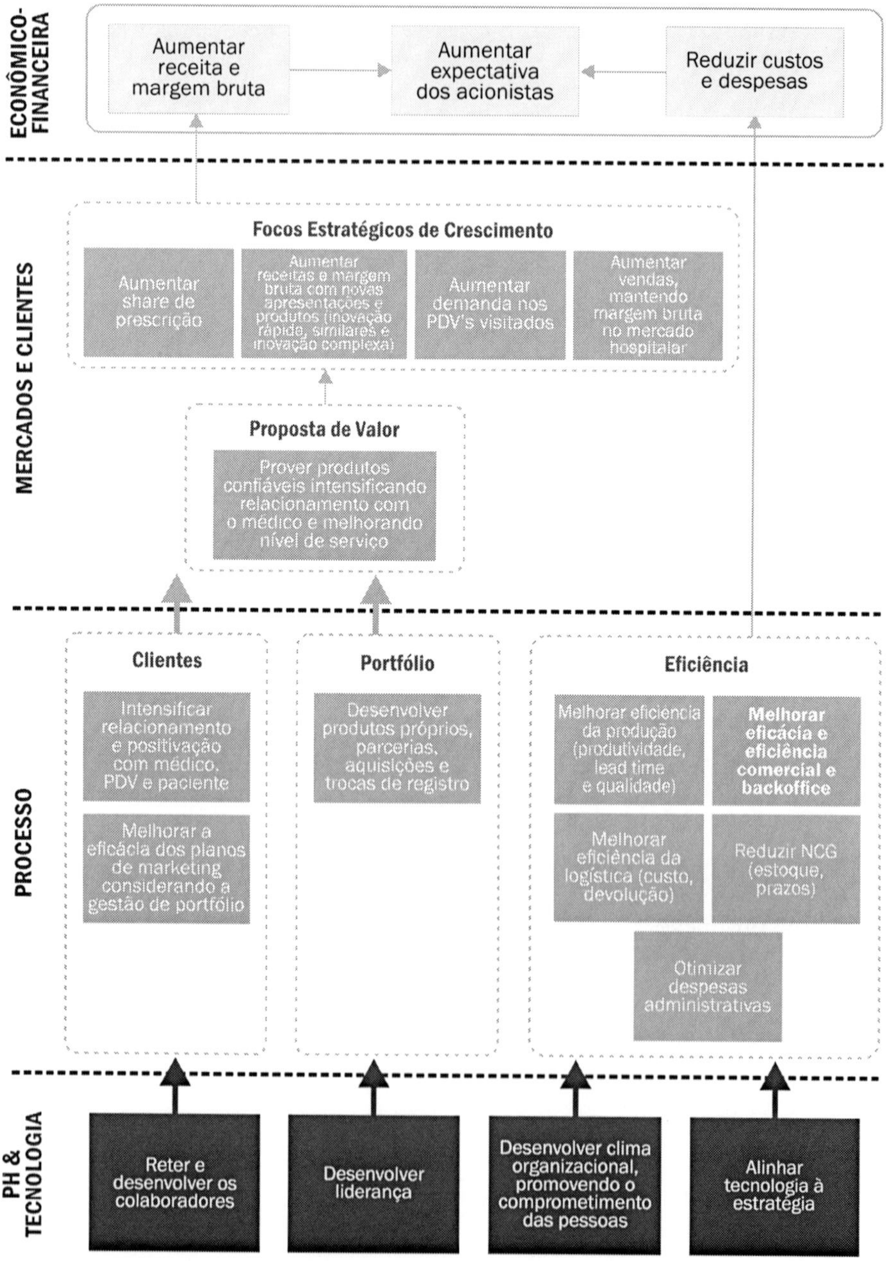

**ECONÔMICO-FINANCEIRA**

- Aumentar receita e margem bruta
- Aumentar expectativa dos acionistas
- Reduzir custos e despesas

**MERCADOS E CLIENTES**

Focos Estratégicos de Crescimento
- Aumentar share de prescrição
- Aumentar receitas e margem bruta com novas apresentações e produtos (inovação rápida, similares e inovação complexa)
- Aumentar demanda nos PDV's visitados
- Aumentar vendas, mantendo margem bruta no mercado hospitalar

Proposta de Valor
Prover produtos confiáveis intensificando relacionamento com o médico e melhorando nível de serviço

**PROCESSO**

Clientes
- Intensificar relacionamento e positivação com médico, PDV e paciente
- Melhorar a eficácia dos planos de marketing considerando a gestão de portfólio

Portfólio
- Desenvolver produtos próprios, parcerias, aquisições e trocas de registro

Eficiência
- Melhorar eficiência da produção (produtividade, lead time e qualidade)
- **Melhorar eficácia e eficiência comercial e backoffice**
- Melhorar eficiência da logística (custo, devolução)
- Reduzir NCG (estoque, prazos)
- Otimizar despesas administrativas

**PH & TECNOLOGIA**

- Reter e desenvolver os colaboradores
- Desenvolver liderança
- Desenvolver clima organizacional, promovendo o comprometimento das pessoas
- Alinhar tecnologia à estratégia

Fonte: o autor

## Mudanças no setor industrial: novos modelos para o planejamento da produção

Cândido chegou, em 2014, para integrar a Diretoria Industrial. "Naquela época, eu não estava muito animado de voltar a trabalhar na indústria", confessa. Nos últimos anos, havia trabalhado como consultor autônomo para o setor farmacêutico. Outras empresas do segmento, com que tinha tido experiência, insistiam em modelos de gestão extremamente departamentalizados, os quais dificultavam o alcance de níveis satisfatórios de integração entre as áreas. Os controles de processos usualmente utilizados não davam conta das particularidades do setor. "A demanda por medicamentos não pode ser empurrada. Sistemas de MRP (*material requirement planning*) não são eficazes na indústria farmacêutica", afirma. No Apsen, entretanto, achou uma situação diferente. Ganhou apoio dos acionistas e autonomia para estruturar a área industrial e participar da elaboração do planejamento estratégico.

Para a diretoria industrial, foram estabelecidos, no mapa estratégico, os objetivos estratégicos de produtividade, a utilização de ativos, a qualidade e a redução dos custos fabris. Um dos focos de ação para alcançar esses objetivos foi propor mudanças profundas na forma de planejar e executar a produção. Graças ao envolvimento da equipe em todo o processo de planejamento, as inovações foram aceitas sem grandes resistências. Essas mudanças giraram em torno da implementação de premissas do *lean manufacturing*, do uso de *kanban* e do melhor controle dos fluxos das operações: – "modelão Toyota", nas palavras de Cândido. "Trabalhamos exclusivamente com uma produção puxada. Há um trabalho intenso de estudo de demanda para cada produto individualmente".

Ademais, foi estruturado o plano-diretor de investimento industrial, para suportar as três ondas de crescimento da empresa:

- 1ª onda de R$ 450 mi para R$ 1 bi em 2020;
- 2ª onda de R$ 1 bi para R$ 2 bi em 2025;
- 3ª onda de R$ 2 bi para R$ 3 bi em 2030.

Os dados mostram sucesso na implantação desse modelo: o nível de falta quase chega próximo de zero; enquanto a média da indústria gira entre 7 e 15%. As horas-extras foram reduzidas em 80%, e o *lead time,* em cinco dias. Os ganhos de eficiência possibilitaram reduzir um turno na embalagem e trazer para a produção própria produtos antes fabricados por terceiros, melhorando a margem bruta em dois pontos percentuais. O desperdício caiu para 0,3%.

Tabela 1 – Indicadores industriais

| Indicador – Industrial | dez/17 | dez/18 | ago/19 |
|---|---|---|---|
| *Lead time* em dias (tempo entre ordem e aprovação do lote) | n/a | 25,7 | 23,9 |
| % falta de produtos/receita bruta | 0,1% | 0,1% | 0,0% |
| % OTIF (*On Time In Full*) | 87,9% | 90,4% | 98,7% |
| R$ horas-extras (industrial) | n/a | R$ 1.673.982 | R$ 334.034 |

Fonte: o autor

Visando a assegurar os bons resultados na execução das iniciativas internas, um escritório de processos e projetos foi implantado. Os processos internos frequentemente passam por revisões, para garantir que o crescimento da empresa e as mudanças nas demais áreas não interfiram na sua eficiência. Projetos passaram a adotar as metodologias do Canvas e PMBOK.

A área de logística foi totalmente reestruturada, inclusive, com a alteração do operador logístico empregado, visando à redução de despesas, dos índices de devolução e do *lead time* para produtos acabados e amostras. O OTIF aumentou consideravelmente, saindo de 70%, para acima de 90% nos produtos acabados e para 95% para amostras. Muitas vezes, o representante deixava de receber amostra em determinado ciclo de venda ou recebia amostras para dois ciclos. A decisão por reduzir o transporte aéreo para entrega de medicamentos acabou por contribuir com a diminuição do percentual da despesa logística sobre receita líquida de 3,4% a 2,6%.

## Revolução no P&D e novos negócios: acelerar novas oportunidades

Não é comum encontrar, na indústria farmacêutica, as áreas de P&D e novos negócios sob a mesma diretoria. No entanto, foi nesse modelo que o Apsen encontrou a chave para sua estratégia de crescimento.

Kleber chegou à empresa com o desafio de assumir a então recém-criada diretoria técnica. Quando entrou, encontrou um corpo técnico desatualizado e a área de novos negócios debaixo de outro departamento. Logo percebeu que a equipe não era competitiva com relação ao que o mercado exigia. Em um primeiro momento, dedicou-se a estruturar uma equipe de profissionais qualificados, dividindo suas responsabilidades em duas frentes: aqueles que ficariam responsáveis por lidar com o *portfólio* existente, mantendo-o adequado à legislação, e aqueles que ficariam responsáveis por novos desenvolvimentos. "Sem foco, a gente nunca sairia do lugar", reflete.

De 2010 a 2015, a empresa possuía poucos lançamentos à frente e enfrentava a ameaça constante de perda do *portfólio* vigente. O P&D se demonstrava muito ineficiente, e as perspectivas futuras, cada vez mais pessimistas: o *portfólio* atingia sua maturidade, e os genéricos intensificavam a competição no mercado. Os poucos produtos lançados nesse período foram os OTC, que, em 2016, acabaram sendo descontinuados, por não estarem alinhados ao foco estratégico da empresa.

Com o planejamento, veio um direcionamento estratégico mais claro para as áreas de P&D e novos negócios, permitindo-se definir dois focos estratégicos principais:

- Proteção do *portfólio* e marcas atuais. Isso significou lançar produtos com inovação incremental, como foi o caso do Flancox 500 (concentração maior e mais eficaz), que virou líder em prescrição. Cada produto do Apsen passou a contar com uma inovação incremental para proteger da vinda do genérico correspondente. Essa inovação incremental poderia ser uma mudança na concentração, um diferente tipo de liberação ou a combinação de moléculas.

- Novos produtos e marcas, por meio de licenças, como o caso do Inpruv D+ K. O ciclo de desenvolvimento de produtos licenciados é bem menor, se comparado com o desenvolvimento de um produto do zero. Por meio do licenciamento, o laboratório estrangeiro detentor do produto de determinado medicamento concede autorização para sua fabricação em solo nacional. Nesse ponto, o primeiro passo foi mapear os parceiros internacionais dos concorrentes. Uma vez já tendo feito negócios com empresas brasileiras, esses parceiros já contavam com a homologação da Anvisa, demonstrando o cumprimento dos requisitos para realização de negócios no Brasil. Para o Apsen, isso garantiu lançamentos em prazos bem mais curtos do que os usuais.

Os processos da área foram mapeados e estruturados, cada um passando a contar com metas e prazos específicos. Cada novo produto passou a ser precedido por um estudo de viabilidade técnica, econômica e financeira, que envolvia todas as áreas da empresa, que passaram a dar *inputs* para auxiliar nas decisões sobre o início do desenvolvimento, da operação à venda.

Em junho de 2016, a área de novos negócios, após não avançar na entrega de seus resultados, passou para abaixo da diretoria técnica. Dessa forma, a equipe passou a ter maior autonomia para criar a estratégia de desenvolvimento de portfólio e definir sobre novos lançamentos. Os projetos de novos produtos foram categorizados de acordo com sua complexidade. Produtos com prazo de desenvolvimento de até três anos foram classificados como de "inovação rápida"; de três a cinco anos, inovação semicomplexa; e, acima disso, inovação complexa. A premissa seria garantir que o *portfólio* de projetos contasse um bom equilíbrio entre produtos com diferentes ciclos de desenvolvimento, de forma a assegurar que não haveria grandes lacunas no calendário de lançamentos. Esse pensamento de longo prazo era essencial para garantir aderência ao plano estratégico traçado.

Outra mudança importante envolveu a adoção de indicadores estratégicos de novos negócios e P&D, baseados na estimativa de faturamento dos produtos cinco anos após sua introdução no mercado. Esse tipo de indicador estimula a discussão das potencialidades de cada item em desenvolvimento com foco no longo prazo, garantindo que todos possam ter visão estratégica sobre o futuro do negócio.

Assim, as metas de produtos em desenvolvimento, metas de produtos protocolados na Anvisa e metas de produtos lançados são definidas considerando-se as projeções de faturamento desses produtos no quinto ano após o início de suas vendas.

Essa abordagem levou, inclusive, à criação de uma relação entre o percentual de novos produtos sobre a receita e a taxa de crescimento esperada para o laboratório:

- com novos produtos representando entre 13 e 15% da receita, o crescimento ficaria entre 9 e 13% ao ano;

- com novos representando entre 20 e 22%, o crescimento ficaria entre 16 e 20%;

- com novos produtos representando 30%, o crescimento ficaria acima de 25%;

- com novos produtos representando 40%, o crescimento ficaria acima de 30%.

Com a meta traçada para o crescimento, seria possível entender qual seria a participação de novos produtos na receita total e, então, determinar a necessidade presente de investimentos em P&D e melhoria de eficiência das operações da área.

## Os pilares do comercial: estratégia, estrutura e pessoas

Márcio Castanha fez parte da equipe que fez a União Química saltar de R$ 450 mi a R$ 1,2 bi, em 2016, junto à consultoria e ao Kléber. Nesse mesmo ano, ele entra no Apsen com a missão de auxiliar a empresa também na conquista do seu primeiro bilhão. Logo de início, teve o desafio de comandar uma nova área desenhada no planejamento estratégico, a qual passou a reunir as equipes de marketing, treinamento, inteligência de mercado, *trade*, comercial e demanda. "Unir as áreas foi uma consequência do planejamento estratégico. Você tinha pessoas do marketing trabalhando ao lado de pessoas da demanda, mas elas não se falavam". Assim, seguindo a estratégia traçada, uma das primeiras ações foi elaborar metas integradas, alinhadas ao plano, para estimular a visão holística das equipes e garantir maior entendimento do todo. O processo de cobrança de resultados foi intensificado, o que ocasionou, inevitavelmente, a saída de pessoas da equipe, as quais não conseguiam acompanhar essa nova dinâmica. Um dos funcionários chegou a afirmar na entrevista de desligamento que a empresa agora tinha uma "cultura muito exagerada de resultados". Castanha se recorda até hoje. "Não é para alcançar resultados que estamos aqui?", perguntou.

O desafio na execução da estratégia foi justamente manter um clima positivo entre os colaboradores da empresa, ao mesmo tempo que se garantia seu crescimento sustentável por meio dos resultados planejados. Todas as mudanças propostas, portanto, deveriam responder duas questões fundamentais: Será boa para a empresa? Será boa para o indivíduo? "Vamos ter sucesso, se a resposta for sim para as duas".

Ao mesmo tempo que deveria haver uma preocupação em lançar produtos inovadores no mercado, Castanha entendeu que era preciso organizar o que já estava sendo feito. Produtos maduros representavam grande parte do faturamento da empresa e podiam ser mais bem explorados. "É onde a *expertise* da empresa está", ressalta. De fato, 95% da receita advêm de produtos vendidos por meio de prescrição médica. Era preciso explorar melhor esse segmento, no qual os resultados chegariam mais rapidamente e a um custo menor.

Observava-se que a área comercial, até 2015, ou seja, antes do planejamento estratégico, não possuía um foco de atuação definido. Mais gravemente, não se tinha disciplina para a execução do plano de vendas no campo. Os gestores eram muito operacionais e não havia um sistema de acompanhamento e cobrança dos profissionais que faziam a ponte com os médicos e clientes.

Portanto, ao longo do processo de planejamento, foram definidos os focos estratégicos de atuação do comercial. O primeiro foi a disciplina na execução, que era medida pelo número de visitas por dia; acompanhamento do GD (gerente distrital) no campo; entrega de amostras; cobertura de médicos com potencial de prescrição; e garantia da apresentação da grade de produtos na visita. Foram realizados investimentos em novas contratações, em treinamento e na ação dos representantes de propaganda médica, que atuam junto aos médicos. Uma nova política de remuneração e gratificação foi instaurada para esse grupo, aliada a um maior controle de metas e monitoramento de resultados, e garantia de cumprimento das rotas por meio de acompanhamento por georreferenciamento.

Outro foco criado foi em relação à quantidade de representantes. À primeira vista, a elevada demanda por representantes era percebida como um indicador positivo de performance. Contudo, uma análise mais aprofundada mostrou que o Apsen tinha baixa cobertura dos médicos com maior potencial de prescrição de seus produtos. Foi criada uma lógica para ampliação da equipe: quando a empresa atinge R$ 2,5 mi em demanda, amplia-se a equipe até que esse valor seja reduzido a R$ 1,5 mi. Isso potencializou a prescrição e levou a empresa a alcançar um crescimento de 10% nesse segmento.

Um terceiro foco foi a defesa dos produtos nos PDV. Foi estruturada uma equipe de visita a PDVs, independentes e grandes redes, responsável pelo trabalho de *trademarketing* e por blindar a troca no ponto de venda. Essa estratégia levou o Apsen a crescer o dobro da média nos PDVs que passaram a ser visitados pelo time.

Por fim, o quarto foco foi a venda institucional. Apesar de o *portfólio* do Apsen não ser totalmente adequado a esse canal, uma estratégia de precificação assertiva permitiu quadruplicar as vendas nele.

## A eficiência do *backoffice*

Nas áreas de *backoffice*, o foco foi maximizar a eficiência, para que as áreas-fim pudessem focar em entregar os resultados propostos. O maior ganho para o Apsen foi com a redução na necessidade de capital de giro – NCG. Houve um trabalho sistemático de negociação com fornecedores e clientes, para alongar os prazos de pagamento e entrega, ultimamente contribuindo para reduzir a NCG e melhorar o ciclo financeiro a favor da empresa. Em um primeiro momento, a duplicação da receita exigiu um aumento de mais de R$ 300 mi na NCG. Com a redução de estoque *in trade* (no mercado) em 20 dias, o contas a receber reduziu em 15 dias. A renegociação com fornecedores e a introdução de um segundo fornecedor para os produtos relevantes permitiram aumentar em 16 dias o contas a pagar. A redução no *lead time* e a melhora na precisão do *forecast* possibilitaram reduzir o estoque em 10 dias. Essa melhora na eficiência reduziu em quase R$ 100 mi a NCG, amenizando o impacto gerado pelo crescimento. Outro indicador que melhorou consideravelmente foi o cumprimento do SLA do *backoffice*, que subiu para 95%. Por fim, a despesa reduziu em 3 p.p., quando dividida pela receita líquida.

## Rumo ao primeiro bilhão: principais resultados alcançados

Se antes o crescimento da empresa deixava a desejar, hoje já supera o do mercado – e muito. Em 2019, enquanto as previsões do Apsen apontavam para um crescimento de 22%, os dados do IMS para o mercado indicavam uma média de 9%. Muito diferente da realidade encontrada em 2015, quando a simples menção ao alcance de um faturamento de R$ 1 bi era acompanhada pela descrença de alguns. Em 2020, a expectativa é que a empresa atinja R$ 1 bi em receita bruta.

Desde 2016, após os primeiros objetivos do mapa estratégico terem sido alcançados, já se notou uma tendência à reversão dos resultados da empresa. A curva do Ebitda passou de ziguezague para uma reta ascendente, assim como a taxa de crescimento da demanda mensal. Quando analisado em termos de percentual sobre a receita, o Ebitda apresenta uma queda no período, que é reflexo da estratégia agressiva de investimentos em P&D: seis pontos percentuais acima da média da indústria, quase que o dobro do valor constatado em outros laboratótios.

Figura 25 – Crescimento da demanda com relação ao ano anterior, em valores

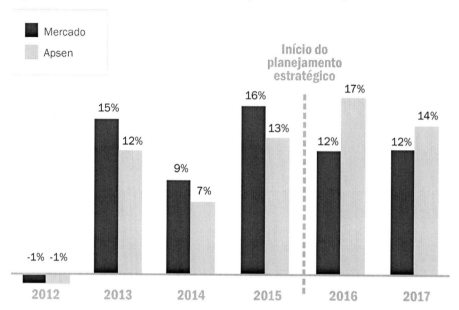

Fonte: o autor

Figura 26 – Crescimento do Ebitda com relação ao ano anterior

Fonte: o autor

Modelagem Ecta

Figura 27 – Crescimento da demanda, em unidades

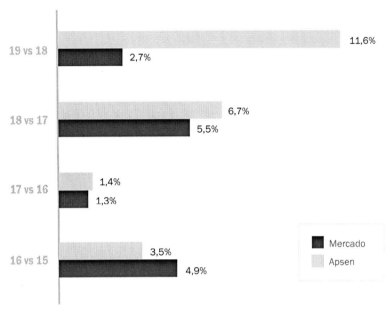

Fonte: o autor

Figura 28 – Crescimento da demanda, em valores

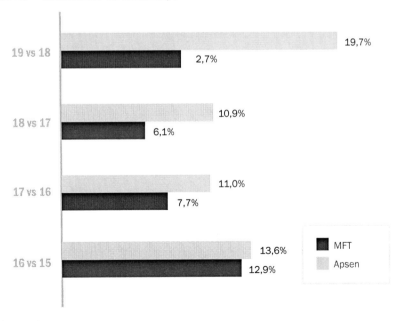

Fonte: o autor

## Cobrar sem perder a essência: desafios para 2025

Com a introdução do processo de planejamento estratégico, em 2015, instituiu-se na empresa uma área exclusivamente dedicada ao acompanhamento da execução da estratégia. Hoje, a área de planejamento financeiro e estratégico conta com quatro colaboradores, que cuidam da revisão da estratégia, do alinhamento dos processos, do orçamento e acompanhamento de resultados da companhia, mediante reuniões mensais e elaboração de relatórios gerenciais.

O gerente de planejamento conduz o processo de planejamento estratégico para os próximos cinco anos, com foco em 2025. E já percebe diferenças com relação ao contexto encontrado em 2015. Se antes a equipe era percebida como "crua e pouco unida", hoje já demonstra estar mais alinhada no que diz respeito às expectativas e aspirações com relação à empresa. "Durante as reuniões para colher as percepções das áreas, praticamente todos falaram as mesmas respostas", constata.

Fundamental para esse alinhamento foi o engajamento emocional da liderança da empresa e a visão do consultor externo. "Ele veio de fora, vendendo um sonho. Imagina pensar que, em cinco anos, iríamos dobrar de tamanho", recorda o gerente. É claro que, no início, nem todos acreditavam nesse sonho. Mas, à medida que viam Renato e Renata compartilhando desse objetivo e depositando sua confiança no consultor e no planejamento estratégico, mais e mais pessoas passavam a difundi-lo pelas áreas da empresa.

Para 2025, a estratégia de crescimento passará a incluir novas trilhas e a intensificação do uso de meios digitais para vendas e para o relacionamento com os médicos. "Sabemos que o modelo atual do Apsen se esgota em 2025", ressalta o consultor à frente dos trabalhos de planejamento. "E isso é verdade para todas as empresas". Nas classes que atuam hoje, o portfólio tende ao esgotamento e não permite grandes saltos como o do primeiro ou segundo bilhão. Portanto, eventualmente, torna-se necessário pensar em alternativas e formas de diversificação. E, sabendo-se que, na indústria farmacêutica, os resultados demoram cinco a oito anos para aparecerem, esse é o momento.

Dentre as opções de crescimento, consideraram desde ações voltadas à internacionalização da empresa, até a produção de medicamentos genéricos e biológicos. Por enquanto, apostam em se tornar generalistas, investindo em novas linhas de produtos, como clínica geral, ginecologia, cardiologia e pediatria. Como sempre, o foco é garantir a sustentabilidade dos resultados, ano após ano.

A nova estratégia já tem nome: 2P-25-40, faturamento de R$ 2 bi, 25% de Ebitda e 40% da receita advinda de novos produtos, até 2026. O *slogan* ganhou um P: P de pessoas e P de produtos, dois focos da estratégia de longo prazo do Apsen. Trata-se de uma mensagem clara da diretoria para que todos entendam que, apesar da maior preocupação com resultados e cobrança para assegurar o lançamento de novos produtos, as pessoas ainda têm lugar de destaque na organização. Assim, o maior desafio advindo dessas mudanças permanece: como manter uma empresa cada vez mais orientada a resultados, sem que se perca sua essência, o clima leve e a cultura tão benéfica aos colaboradores – nos quais, acredita-se, reside a fortaleza do Apsen. As ações dos próximos anos devem permitir que se potencializem essas forças, para garantir maior competitividade, por meio de estratégia, estrutura e composição de equipe adequados.

Cândido está otimista com o futuro. Para ele, o segundo bilhão vai chegar fácil. Hoje, o portfólio de produtos para os próximos anos já está delineado, diferentemente de 2015, quando se teve que começar tudo do zero. A partir de 2020, a Anvisa passará a conceder a aprovação para 10 a 15 novos produtos ao ano, colhendo frutos de todos os esforços do que foi feito até aqui. Hoje, com as bases já formadas e estruturadas, o céu é o limite. E, para se alcançar a mudança para o que o Apsen é hoje, a introdução da ferramenta de planejamento estratégico foi essencial. "O próximo ciclo vai ser um ciclo céu de brigadeiro". "O Apsen vai ser uma potência nacional em sete, oito anos. Pode anotar aí".

Figura 29 – Mapa estratégico Apsen 2026

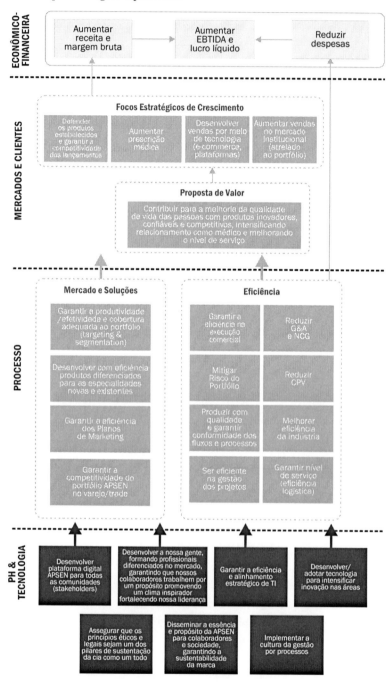

Fonte: o autor

## União Química: planejamento em constante evolução

### Resumo

Na União Química, antes de 2011, o crescimento foi abalado por um imprevisto e levou os acionistas a repensarem os caminhos que a empresa vinha tomando. Esse cenário motivou a implantação de um modelo de gestão focado no longo prazo, visando a um crescimento estruturado e sustentável. A ambição dos acionistas era conquistar a marca de R$ 1 bi no período de cinco anos. A exploração de novos focos estratégicos de crescimento e receita, aliada a uma rigorosa disciplina e a um engajamento na execução do plano traçado, levou à conquista desse objetivo já no primeiro ciclo de planejamento. Com maturidade e segurança no processo, a União Química se preparou para alçar voos ainda mais altos.

### Apresentação

A história da União Química Farmacêutica Nacional S. A.[9] tem sua origem em 1936, com a fundação do Laboratório Prata, posteriormente adquirido por João Marques de Paulo, em 1971. Seu filho mais velho, Fernando, entrou na empresa aos 16 anos, ao optar por transferir seus estudos para o turno da noite, e, aos 19, já assumia o cargo de presidência, que ocupa até os dias atuais. Prevendo um crescimento futuro e novas possibilidades de atuação, Fernando propõe, na década de 1980, a mudança da razão social da empresa, de Laboratório Prata, para União Química e Farmacêutica Nacional. Em 2016, a empresa completou 80 anos, alcançando a marca de R$ 1 bilhão de faturamento.

A União Química tem como atividade principal a fabricação, manipulação, comercialização e distribuição de produtos farmacêuticos para uso humano e veterinário, de produtos biológicos para controle de pragas, de produtos cosméticos, dietéticos e de higiene pessoal. A empresa está estruturada em duas divisões de negócios: a divisão de saúde humana, que conta com seis linhas de produtos – Hospitalar, OTC, Farma, Genéricos, Genom Oftalmologia e Genom Dor/SNC – e a divisão Saúde Animal, que representa cerca de 20% do faturamento da empresa, integrando as linhas *Pet* e Grandes Animais.

Atualmente, possui cinco plantas fabris, localizadas em Embu-Guaçu--SP, Pouso Alegre-MG, Taboão da Serra-SP e duas em Brasília-DF, além de

---

[9] Doravante União Química.

um centro de distribuição e uma indústria gráfica em Taboão da Serra-SP. Há escritórios nas cidades de São Paulo e Rio de Janeiro.

## Mercado farmacêutico mundial e brasileiro

O mercado farmacêutico global ultrapassou a marca de US$ 1 trilhão, em 2017. O setor é considerado oligopolista, já que oito *big pharmas*, multinacionais de grande porte que atuam de forma global no mercado, respondem por cerca de 40% do faturamento mundial, em um processo crescente de concentração. O Brasil é o sexto maior mercado, chegando próximo a U$ 31 bi, com um crescimento anual próximo de 10%, há mais de 15 anos.

Outro fator relevante nas perspectivas de mercado é a consolidação global de um perfil epidemiológico com maior prevalência de doenças crônico-degenerativas. A prevalência dessas doenças está crescendo rapidamente, principalmente em mercados emergentes. No Brasil, essa transição ocorre de forma acelerada, em um contexto desafiador que associa novas doenças decorrentes do prolongamento da vida a outras já existentes. Espera-se que o País, por exemplo, tenha uma das mais altas taxas de incidência de diabetes entre os maiores países do mundo, nas próximas duas décadas.[10]

No Brasil, mudanças no ambiente institucional nas últimas duas décadas, entre elas a abertura comercial iniciada em 1989, a aprovação da Lei de Patentes, em 1996, e da Lei do Medicamento Genérico, em 1999, induziram uma reorientação das estratégias tecnológicas da indústria farmacêutica nacional, em direção à intensificação do esforço de pesquisa e desenvolvimento no País. Ao final da década de 1990, construiu-se no País uma nova estrutura regulatória e de políticas públicas para a indústria farmacêutica. O movimento, iniciado com a criação da Anvisa, em 1999, ganhou força ao longo dos anos 2000, com destaque para instituição das Boas Práticas de Fabricação (BPF), prerrogativa para a produção e comercialização de medicamentos. No geral, observa-se que a pressão regulatória constitui um aspecto importante da indústria farmacêutica. É uma indústria altamente regulada, desde a compra da matéria-prima, produção, até o transporte para o cliente final.

Outro movimento identificado no Brasil é a terceirização da produção. Esse movimento é liderado pelas multinacionais, que estão deixando de produzir aqui e em outras partes do mundo. O foco delas é o investimento em pesquisa básica.

---

[10] ARGAWAL, *et al*. **Perspectives on Healthcare**. Healthcare Sector. McKinsey & Company, São Paulo, 2012.

Tal cenário ocorre simultaneamente à luta das grandes farmacêuticas para ampliar o desenvolvimento de drogas que possam substituir seus campeões de venda, cujas patentes expiraram ou estão prestes a expirar.[11] O vencimento das patentes é uma questão muito importante para os fabricantes de medicamentos de marca, já que, com a proteção, as margens brutas de lucro (somente deduzindo os custos de produção) costumam ser de 85% a 95%[12]. Terminado o prazo de proteção, os produtos farmacêuticos ficam expostos à concorrência dos genéricos e similares, que utilizarão outras estratégias de competição.

A liderança de mercado, portanto, é conquistada em segmentos particulares, mediante a diferenciação de produtos, que se dá, por um lado, por meio de pesquisa e desenvolvimento e, por outro, por meio de investimentos em marketing. De modo geral, a indústria farmacêutica fabrica e comercializa seus medicamentos somente após um longo processo, que envolve meses ou anos de pesquisas, testes e pesados investimentos. As pesquisas para a busca de inovação radical podem custar milhões de dólares, o que leva, frequentemente, à formação de alianças estratégicas até mesmo entre empresas concorrentes, em um nível pré-competitivo, focado em pesquisa básica. No Brasil, o investimento das empresas nacionais em P&D é de 5 a 15% de sua receita líquida. O grande problema é que metade desse valor é gasto com pós-registro – regularização do portfólio corrente, segundo as exigências da Anvisa.

Os produtos da indústria farmacêutica podem ser classificados de acordo com a separação dos medicamentos comercializados entre os protegidos por patentes e aqueles cujas patentes já expiraram. Os primeiros são, geralmente, comercializados usando um nome comercial ou por meio da marca; os segundos, a depender da legislação do país, podem ser comercializados sob a denominação genérica do princípio ativo, chamados genéricos, e/ou por um nome comercial, denominados genérico de marca.[13]

As empresas têm procurado movimentar-se cada vez mais em busca de fontes de receita alternativas. Nesse contexto, insere-se o crescente interesse das grandes empresas farmacêuticas pelas plataformas de desenvolvimento e produção com base em biotecnologia moderna. O crescimento médio acumulado das vendas de biológicos foi de 17%, entre 2002 e 2016, em

---

[11] WANG, S.; WHALEN, J. Ricos dos mercados emergentes são alvo das multinacionais farmacêuticas. **Valor Econômico:** São Paulo, 2008.

[12] MARTINEZ, B.; GOLDSTEIN, J. Escassez de substitutos para drogas de sucesso ameaça farmacêuticas. **Valor Econômico:** São Paulo, 2007.

[13] HASENCLEVER, L. (coord.). Diagnóstico da indústria farmacêutica brasileira. **Projeto 914BRZ58.** Unesco/FUJB-UFRJ, Instituto de Economia/UFRJ, 2002. Rio de Janeiro, 2002.

relação a 10% nos demais produtos farmacêuticos. Com um crescimento mais acelerado do que a média do setor farmacêutico, espera-se que, em 2020, os produtos biotecnológicos representem cerca de 21% das vendas.

Embora não tão dispendiosas quanto as de P&D, as atividades de marketing ainda assim são alvos de grandes investimentos visando ao lançamento de novos produtos e à sustentação das vendas dos mais antigos. Em 2006, as 10 maiores empresas do setor investiram US$ 15 bilhões em marketing, visando à divulgação dos medicamentos em nível global.

Embora a demanda por medicamentos e sua aquisição dependam das decisões dos pacientes, esses são altamente condicionados por médicos e outros profissionais da saúde. Via de regra, são tais agentes que determinam o tratamento a ser aplicado ao paciente e a frequência do uso dos medicamentos, sobretudo no caso dos produtos vendidos sob prescrição médica. Os medicamentos desse segmento tendem a apresentar baixa elasticidade-preço, dada a essencialidade do produto e a grande assimetria entre vendedores e compradores, uma vez que o paciente desconhece tratamentos substitutos, além de ser incapaz de avaliar a eficácia e os riscos de um medicamento. Isso confere efetivo poder de mercado às empresas farmacêuticas fabricantes de medicamentos sob prescrição e potencial para maiores margens de lucro, já que um aumento nos preços não acarretaria a saída de um grande número de pacientes do mercado, ao mesmo tempo que sua redução não atrairia muitos novos clientes.[14]

No segmento de genéricos, os produtos são vistos como *commodities*, em que o preço e a estrutura de custos têm grande importância. Para ser bem-sucedido nesse mercado, exige-se escala associada a custos fixos baixos, ágeis fornecedores de matérias-primas, políticas comerciais agressivas com presença no PDV (ponto de venda) e conhecimento para enfrentar os entraves burocráticos das autoridades regulatórias.[15]

O mercado farmacêutico veterinário mundial, por sua vez, ultrapassou US$ 25 bilhões em 2015, com crescimento médio de 8% a.a., desde 2002. É usualmente segmentado entre grandes animais e animais de companhia (*pets*). O crescimento da demanda mundial tem sido liderado por esse último segmento, que atualmente representa 40% do mercado. O mercado farmacêutico dedicado à saúde humana é cerca de quarenta vezes maior do que

---

[14] BASTOS, V. D. **Inovação Farmacêutica:** Padrão Setorial e Perspectivas para o Caso Brasileiro. BNDES Setorial, Rio de Janeiro, p. 271-295, set. 2005.

[15] VIEIRA, A. Estrangeiros perdem terreno nos genéricos. **Valor Econômico:** São Paulo, jun. 2006.

o veterinário, conforme dados do IMS Health. No entanto, por economias de escala que vão desde a fase de pesquisa e desenvolvimento até a ponta final, de distribuição, a maioria das grandes empresas farmacêuticas tem divisões de negócios dedicadas exclusivamente à saúde animal. Embora não sejam percentualmente representativas no seu faturamento global (menos de 5%), empresas como Pfizer, Novartis, Bayer, Boehringer Ingelheim, Eli Lilly e Fort Dodge são líderes mundiais no mercado animal.

O mercado farmacêutico veterinário brasileiro também vem apresentando um crescimento significativo. Cresceu em média 8% a.a., ultrapassando R$ 4,5 bilhões, em 2015. O Brasil é o país com a segunda maior população de animais de estimação do mundo, estimada em 40 milhões de pequenos animais. A preocupação com a saúde dos animais de companhia, que passaram a ser considerados "membros da família", torna-se uma oportunidade de investimento para a indústria veterinária.

Se o cenário no Brasil mostra-se favorável para empresas farmacêuticas nacionais, também abre oportunidades para a entrada de concorrentes internacionais de peso, que buscam, principalmente, uma fatia do proeminente mercado de genéricos do País. As indústrias transnacionais dominam o mercado brasileiro há muitos anos. Porém, nos últimos 20 anos, houve mudanças importantes, como a implementação da Lei de Patentes e da Lei dos Genéricos, em que o mercado brasileiro começa a tomar um formato diferente.[16] A participação das empresas de capital nacional no mercado brasileiro superou a marca dos 50%, em 2013, e as principais empresas ultrapassaram R$ 1 bilhão de receitas anuais. Além disso, elas vêm gradativamente adquirindo competências e ampliando seus esforços de inovação: o investimento em atividades inovadoras já representa 4,8% da receita da indústria.

Em 2004, o governo brasileiro inseriu a indústria farmacêutica como atividade-chave para o desenvolvimento do País. A nova política industrial anunciada naquele ano, a Política Industrial Tecnológica e de Comércio Exterior (PITCE), elegeu a indústria de fármacos e medicamentos como setor estratégico da política industrial.

Mudanças significativas no escopo e na abrangência de políticas públicas vêm aumentando a relevância do comprador institucional no setor farmacêutico. Os pagadores institucionais podem ser públicos ou privados.

---

[16] HASENCLEVER, L. (coord.). Diagnóstico da indústria farmacêutica brasileira. **Projeto 914BRZ58.** Unesco/FUJB-UFRJ, Instituto de Economia/UFRJ, 2002. Rio de Janeiro, 2002.

No Brasil, o Estado se configura como o maior comprador do setor farmacêutico, com cerca de 20% de participação nas compras do setor pelo Ministério da Saúde. O principal destaque são as compras realizadas pelo Sistema Único de Saúde (SUS) voltadas à assistência farmacêutica. Essas compras, segmentadas em função do custo e do tipo de doença a ser tratada, recebem tratamentos diferentes quanto ao financiamento e à sua distribuição. No caso de medicamentos considerados estratégicos, como os utilizados para tratamento de AIDS, hanseníase ou tuberculose, cabe ao MS a aquisição centralizada e a distribuição. As compras públicas centralizadas saltaram de R$ 2,7 bilhões, em 2003, para, aproximadamente, R$ 13 bilhões, em 2012.

O programa Farmácia Popular foi implantado em 2004 e, em 2006, passou a incluir a rede privada de farmácias e drogarias. O programa abrange duas modalidades. No modelo de gratuidade, o SUS fixa o preço por unidade e reembolsa as farmácias cadastradas pela quantidade entregue ao consumidor, que recebe o produto sem custo. Na modalidade de copagamento, o SUS estabelece um valor para o subsídio, e a diferença desse em relação ao preço cobrado pela farmácia deve ser desembolsada pelo consumidor. Em 2012, o programa já representava 7,7% do volume do mercado nacional. A preço de compra das farmácias, o programa movimentava o equivalente a R$ 1,5 bilhão em vendas, ante R$ 300 milhões, no começo de 2011.

## 2008 a 2010: adaptando-se aos imprevistos

Nas décadas de 1980 e 1990, a companhia passou por diversas transformações, por meio de aquisições de outras empresas, marcas e linhas de produtos, as quais, aliadas a parcerias estabelecidas no Brasil e no exterior, lhe permitiram ocupar uma posição de destaque no mercado nacional e abrir novas frentes no mercado internacional, sempre focada na excelência e qualidade dos produtos ofertados.

Ao final dos anos 2000, a empresa colocou em prática um plano de investimentos para garantir estrutura adequada, visando a atender o crescimento da demanda do setor farmacêutico e as necessidades da sociedade brasileira. Tais aportes se relacionaram não apenas ao desenvolvimento e aprimoramento de medicamentos, mas também à adoção de novos equipamentos e de tecnologias em processos produtivos, à realização de obras de infraestrutura e à aquisição de marcas e empresas que vieram somar ao seu portfólio e fortalecer ainda mais sua presença no mercado.

Ocorre que um imprevisto balançou as estruturas da empresa. No ano de 2008, a União Química perdeu um de seus principais negócios, a Biolab, que pertence a membros da família controladora e é voltada para atuação em medicamentos com prescrição médica e de maior valor agregado.

Considerando que União Química havia realizado diversos investimentos que também incluíam a construção de um novo parque industrial em Brasília, a cisão societária com a Biolab trouxe dificuldades, que, aliadas à crise de crédito do mercado financeiro nacional, exigiram uma nova postura gerencial da empresa para possibilitar a conclusão do empreendimento.

Era um período complicado para a indústria farmacêutica nacional. Diversos laboratórios menores foram obrigados a fechar as portas devido a crescentes pressões regulatórias e exigências por certificações por parte das agências competentes. Somente sobreviveram aqueles laboratórios capacitados para cumprir com as exigências da Anvisa e do Ministério da Agricultura, Pecuária e Abastecimento.

Mesmo diante de tais desafios, a nova postura de gestão adotada pela empresa permitiu que a construção do novo parque industrial fosse finalizada, ainda que grande parte de sua capacidade produtiva permanecesse ociosa, dado que havia sido dimensionada para atender também à demanda gerada pela Biolab. Apesar da receita crescente em 2008 e 2009, e Ebitda positivo nesses anos, a União Química registrou prejuízo líquido de R$ 38 mi e R$ 5 mi, respectivamente.

Figura 30 – Evolução receita x Ebitda x lucro líquido (em R$ milhões)

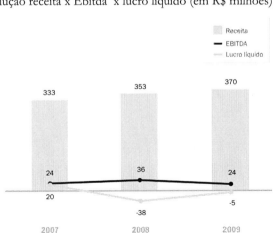

Fonte: o autor

Em 2009, Ronaldo Valentini assumiu a diretoria administrativa financeira da companhia e iniciou um trabalho de reorganização da área na empresa. Com a cisão, a União Química herdou a maior parte dos ativos do Grupo, mas também as dívidas e a carteira de produtos de menor valor agregado. Essa crise foi superada graças à adoção de um plano emergencial de corte de custos aliado a uma estrita política de gestão financeira.

O ano seguinte foi marcado pelo desenvolvimento do projeto de implantação do SAP, *software* de gestão empresarial e inteligência de negócios, que permite otimizar processos, minimizar riscos e aumentar a confiabilidade das informações que formam a base de dados da empresa. Nesse ano, observou-se um cenário mais otimista. Os investimentos realizados começaram a gerar frutos, e a empresa alcançou um lucro líquido de R$ 20 mi e um incremento de 16,6% na receita bruta.

## 2011 a 2016: planejar em direção a um crescimento estruturado

Superada a crise, em 2011, a União Química contrata uma consultoria especializada em estratégia para o mercado farmacêutico para estruturar seu planejamento estratégico e focar no crescimento. A empresa obteve resultados expressivos a partir de 2011, indicando o êxito de sua estratégia de desenvolvimento. Esse ano foi marcado por uma série de fatores que contribuíram positivamente para o desenvolvimento da empresa e para sua consolidação no mercado farmacêutico humano e veterinário.

A União Química continuou direcionando investimentos à modernização e ao desenvolvimento tecnológico, atendendo às normas nacionais e internacionais de produção de medicamentos e qualidade. A receita bruta, em 2011, no montante de R$ 474,1 mi, foi superior em 10%, se comparada ao ano anterior. Foram intensificados os projetos de novos produtos por meio de parcerias estratégicas e investimentos em inovação na ordem de R$ 70 milhões. Se, por um lado, os bons resultados foram influenciados pela curva ascendente do mercado farmacêutico nacional, impulsionado pelo aumento de renda da população brasileira, por outro, também foram frutos diretos do modelo de gestão estratégica adotado pela empresa, já que a empresa cresceu percentualmente o dobro do mercado.

Foi nesse momento que a União Química iniciou uma parceria com a consultoria para implantar uma solução que envolvia a elaboração de um modelo de gestão estratégica, denominado "Projeto 20-16", que tinha como principal objetivo definir as bases e propostas para o crescimento sustentável da empresa para os cinco anos seguintes. A denominação "20-16" faz referência direta ao estabelecimento da meta de crescimento de 20% ao ano no faturamento bruto da empresa com Ebitda de 20% até 2016. Esse foi um programa inédito para a União Química.

Figura 31 – Projeto 20-16

Fonte: o autor

Seguindo os objetivos estratégicos do "Projeto 20-16", as fábricas passaram por várias transformações estruturais, logísticas e de processos, em busca de maior produtividade. Uma das principais motivações para o projeto estava na necessidade de se ter um maior direcionamento estratégico para os negócios da empresa, cuja visão permanecia ainda muito restrita à figura do presidente Fernando. Nas palavras do diretor financeiro, Ronaldo Valentini, "não havia um norte claro para os negócios aqui da empresa. Uma preocupação muito em volumes. [...] Não havia clareza, não havia como cobrar resultados, não havia comprometimento das áreas".

Assim, iniciou-se um processo de realização de um diagnóstico abrangente, seguido do estabelecimento de objetivos e metas estratégicas, posteriormente desdobrados por área. Reuniões periódicas de acompanhamento de resultados foram instauradas, ocasiões em que se passou a discutir os resultados passados e vislumbrar novas oportunidades futuras. Foi estruturado o mapa estratégico da empresa com os focos estratégicos de crescimento e o posicionamento bem claros.

Figura 32 – Mapa estratégico da empresa União Química

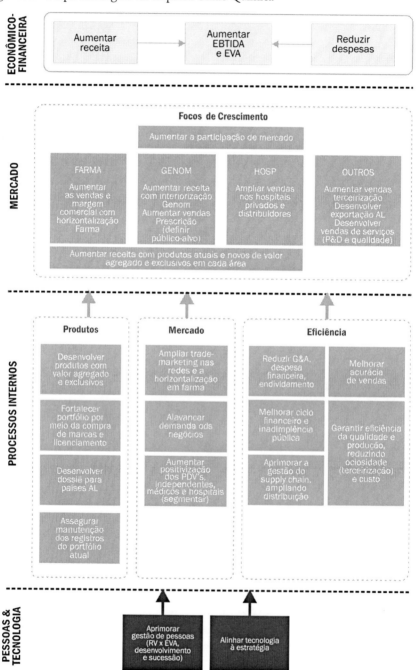

Fonte: o autor

O trabalho com a consultoria também envolveu o mapeamento e a reformulação de processos internos e externos da empresa, a aquisição de novas ferramentas tecnológicas e um criterioso trabalho de inteligência de marketing, com vistas à identificação de novos mercados. Estabeleceu-se, como um dos principais focos estratégicos, ampliar a expansão da atuação da empresa no território nacional – até o ano de 2011, a União Química atuava fortemente apenas nos mercados do Sudeste e Sul do Brasil.

Foram identificados, ainda, segmentos e especialidades da área farmacêutica com maior rentabilidade e oportunidades relacionadas ao reposicionamento de produtos já existentes no portfólio no segmento de saúde humana. Para o curto prazo, deu-se prioridade ao desenvolvimento do mercado de alimentos funcionais (por exemplo: suplementos, vitamínicos etc.) e produtos correlatos, que possuem prazos mais curtos de aprovação junto à Anvisa, ao mesmo tempo que se iniciava o desenvolvimento de outros produtos de maior valor agregado para o quarto ou quinto ano do planejamento.

As especificidades dos segmentos de atuação da empresa exigiram o desenho de estratégias específicas para cada um. Na área hospitalar, por exemplo, devido ao alto poder de barganha dos hospitais, que acabam por forçar a redução de margens nas vendas, passou-se a priorizar a manutenção de altos níveis de serviço, ao menor custo possível, o que foi possível graças ao potencial de produção oferecido pelo novo parque industrial em Brasília. A análise de mercado conduzida mostrava, ainda, que, desde 2007, os concorrentes haviam reduzido o foco de atuação no segmento hospitalar, o que se mostrou como uma excelente via para a alavancagem do crescimento da empresa naquele momento. A empresa quadruplicou a receita nesse segmento, de 2011 a 2016, com a ampliação da equipe de vendas, estruturação dos *key accounts* e da área de licitação e desenvolvimento de produtos com valor agregado, como os liofilizados.

Para a área de medicamentos de prescrição, em que a competição por preços tende a ser menos significativa, o foco do trabalho passou a ser a conquista da liderança de mercado dos produtos, o que exigiu a concentração de maiores esforços na relação com o médico (execução no campo – visitas e entregas de amostras com novidades para o médico) e de exploração do mercado, principalmente daqueles com patentes a vencer. A empresa atua com prescrição nas franquias – oftalmologia, sistema nervoso central e ginecologia (franquia nova).

O lançamento da divisão Genom Ginecologia e Obstetrícia (Genom GO) também ocorreu em 2012. Esse novo segmento de atuação abriu espaço para a participação da União Química em um mercado que fatura, aproximadamente, R$ 3,2 bilhões por ano.

O maior crescimento ocorreu em oftalmologia. A estratégia foi baseada em lançamentos, ampliação da equipe de visita médica e aumento da positivação. Foram realizados lançamentos de produtos inovadores, como o Hyabak – parceria com a Thea – e de novas apresentações com o Lacrifilm de 5 ml, tornando-o líder de mercado. A equipe de visita médica foi ampliada e, em seguida, duplicada com a criação de uma equipe espelho para visitar médicos. Essas ações permitiram duplicar as vendas em três anos, com um crescimento médio, entre 2011 e 2016, acima de 25% ao ano.

Para cada franquia, foi elaborada uma matriz atratividade x competitividade, que permitiu reestruturar o portfólio, deixando claro o que lançar ou que produtos descontinuar. A matriz permitiu desenvolver novas apresentações, como no caso do Lacrifilm. Também possibilitou entender que a área hospitalar possuía portfólio pouco atrativo, abrindo espaço para o desenvolvimento de novos produtos e a exploração daqueles com maior atratividade, como o Artrinid e Teflan. Permitiu entender, ainda, que a área de Grandes Animais (Agener) possuía portfólio atrativo, mas com baixa competitividade. Nesse caso, para melhorar a competitividade, era necessário ampliar presença no campo. Nessa mesma área, foram descontinuados 7% do portfólio com baixa atratividade. A Farma possuía portfólio com média atratividade, e, como estratégia, foram descontinuados alguns produtos e mais bem explorados os produtos com melhor atratividade, como o Biogripe.

A área Farma, que contempla produtos OTC (*over the conter* – sem necessidade de prescrição), cresceu 15% ao ano, por meio de uma maior ocupação do território nacional, foco em positivação (recompra), horizontalização (presença do produto no PDV), *trademarketing*, para aumentar a presença no PDV e vendas diretamente para grandes redes.

No segmento de Grandes Animais, da divisão veterinária, a proximidade com o cliente foi vista como fundamental. Como o então diretor da área não possuía esse entendimento, optou-se, como primeiro passo, pela busca de um executivo com experiência no setor. Aqui, estabeleceu-se como diretriz assegurar a conscientização de fazendeiros e empresários rurais quanto à importância dos benefícios trazidos pelos produtos da empresa no resultado operacional de seus empreendimentos. Portanto, o foco principal de atuação foi o desenvolvimento de uma equipe técnica e o aumento do time comercial para garantir maior presença nos clientes, oferecendo assistência técnica. Foram contratados propagandistas com vínculo CLT, em substituição do modelo de representantes pessoa jurídica, com vistas a garantir um maior controle sobre o trabalho realizado, maior dedicação do pessoal em contato com os consumidores e maior exploração do portfólio de produtos. A estratégia permitiu aumentar a cobertura geográfica de 12 para 50%, bem como alavancar a positivação e o *ticket* médio. Ademais, foi feito um trabalho de revisão do portfólio – novamente por meio de uma matriz atratividade x competitividade –, com eliminação de produtos que não ofereciam margens satisfatórias, a exemplo do que ocorreu na divisão de Saúde Humana.

Com relação à unidade de Pequenos Animais, o desempenho no período é atribuído a um bom momento de mercado, no qual mudanças socioculturais trouxeram boas oportunidades de crescimento. A principal estratégia foi a interiorização e o desenvolvimento de produtos. A reestruturação e ampliação da equipe comercial elevou de 80% para 95% a cobertura geográfica e dobrou o número de visitas aos *pet shops*, que era de 2.900, em 2011. Para potencializar o desenvolvimento, foram unificadas as áreas de P&D da linha humana e veterinária. Muitos produtos que existiam na linha humana foram desenvolvidos para o mercado de pequenos animais. Essas estratégias permitiram que a linha alcançasse entre 20 e 25% de crescimento ao ano, em média, e com alta margem bruta – 75%.

Uma das áreas que mais recebeu investimento foi P&D. Com a separação entre Biolab e União Química, toda equipe de P&D ficou na Biolab. Isso fez com a UQ ficasse três anos sem desenvolvimento de novos produtos. Com o desenvolvimento da área, sob a gestão de Kleber Nunes, a empresa passou a lançar de 40 a 90 produtos por ano.

Figura 33 – Evolução no número de novos produtos lançados (em unidades)

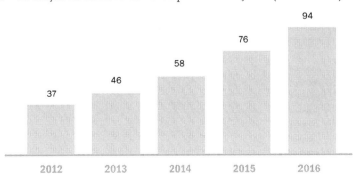

Fonte: o autor

A estratégia previa o mapeamento dos produtos com patentes a vencer, foco em desenvolvimentos rápidos (produtos correlatos, alimentos funcionais, primeiro similar e genérico), bem como a unificação dos P&Ds das linhas humana e veterinária. O processo de lançamento foi reduzido em três meses, chegando a 145 dias. Uma das mudanças foi relacionada à compra de matéria-prima, que passou a ocorrer de forma antecipada.

A receita com novos produtos na área hospitalar representou 3%, em 2011; em média, 10% aa, de 2012 a 2016; e atingindo 14%, em 2016. A receita de novos produtos na Genom (prescrição) saiu de 1,5%, em 2011, para uma média de 8%, entre 2012 e 2016, chegando a 10%, em 2016. Na Farma, OTC e Genéricos, a receita de novos saiu de 1,4%, em 2011; para uma média de 9% aa, entre 2012 e 2016; chegando a 12%, em 2016. Na linha veterinária, a receita de novos representou 1%, em 2011, e subiu para 6% aa, em média, entre 2012 e 2016.

Em 2012, foram intensificados os projetos de novos produtos por meio de parcerias estratégicas com outros três grandes grupos farmacêuticos nacionais – ACHÉ, EMS e HIPERMARCAS – para a formação da Bionovis, empresa dedicada exclusivamente ao desenvolvimento de fármacos biológicos com foco em anticorpos monoclonais. A União Química identificou a necessidade fundamental de unir esforços com outros *players*, para conquistar o mercado de biotecnologia, no qual se acredita estar o futuro da área farmacêutica. A BioNovis vai demandar R$ 500 milhões de investimento nos primeiros cinco anos de vida, dos quais R$ 200 milhões sairão dos caixas das empresas associadas.[17] A criação da Bionovis coloca o Brasil como um representante de peso no mercado global de biomedicamentos.

Foi grande a evolução na logística, melhorando-se consideravelmente o nível de serviço e reduzindo-se a necessidade de capital de giro. O primeiro passo foi estruturar a área de *supply chain*, trazendo Alexandre Marques para liderar a área. Em seguida, foram criadas as reuniões de S&OP (*sales and operation planning*) com a participação de todas as áreas da empresa. Outras ações estratégicas que impactaram na eficiência da área foram: novo CD no Sul de MG, redesenho do processo de *supply*, reestruturação das empresas logísticas conforme localização geográfica, revisão do tamanho de lotes. Essas ações estratégicas contribuíram para reduzir pela metade o atraso na entrega, a falta de produto e a redução de 20 dias no estoque.

---

[17] VALOR ECONÔMICO. **Brasileiras investem em inovação e se aproximam de multinacionais.** São Paulo, 24 mar. 2014.

Já em 2013, a empresa ingressou em um novo segmento de mercado, ao adquirir a Bthek Biotecnologia, focada no desenvolvimento de produtos biológicos capazes de controlar a proliferação de mosquitos vetores. A Bthek tem desenvolvido pesquisas em parceria com a Embrapa Recursos Genéticos e Biotecnologia e o Instituto de Pesquisa Tecnológica, fazendo com que a União Química passasse a produzir inseticidas biológicos em escala industrial.

Na revisão da estratégia, em 2014, ficou claro que os pilares estratégicos de crescimento, desenvolvidos entre 2011 e 2013, mostravam sinais de esgotamento e que um novo foco estratégico era necessário. A opção escolhida e concretizada em 2015 envolveu a aquisição da planta da Novartis. Tal aquisição permitiu que a terceirização passasse a ser o novo foco estratégico de crescimento. A operação deu origem a uma nova empresa, controlada pela União Química e responsável pela produção dos medicamentos da Novartis, os quais já eram fabricados naquela unidade, entre os quais se destacam o Cataflan (para inflamações) e Ritalina (usado no tratamento de *déficit* de atenção). Estima-se que essa área de terceirização passará a representar cerca de 30% das receitas da União Química, até 2020.

A empresa também implementou, junto aos seus diretores, colaboradores e parceiros, o novo Código de Conduta e Ética, reforçando a importância do cumprimento dos seus princípios e valores. O total investido em benefícios aos colaboradores, em 2014, foi de R$ 24 milhões, sendo 29% superior ao ano anterior. Merece destaque, por exemplo, o "Centro de Desenvolvimento Infantil (CDI) União, Vida e Arte", creche direcionada aos filhos dos colaboradores da unidade de Brasília. Outra iniciativa de grande sucesso são os ambulatórios odontológicos mantidos nas unidades fabris, que permitem o atendimento ágil e de qualidade aos colaboradores. Nesse mesmo ano, a União Química figurou na lista das 150 Melhores Empresas em Práticas de Gestão de Pessoas, que mapeou, entre as melhores empresas do Brasil, os programas que estão sendo executados em prol dos seus colaboradores.

## 2016 em diante: entendendo o planejamento como um ciclo contínuo

O planejamento estratégico desenvolvido e executado em parceria com a consultoria, no período de 2011 a 2016, pode ser considerado um sucesso. Se o crescimento médio da União Química, de 2007 a 2011, havia sido de 9,01%, com o Projeto 20-16, o crescimento anual subiu para uma média de 20,6% ao ano, contra 10% do mercado. A receita bruta chegou em R$ 1,2 bi, e o Ebitda, próximo a 20%, em 2016. Outro ganho que possibilitou excelente gestão de caixa foi a eficiência na Gestão da Necessidade de Capital de Giro (NCG).

Figura 34 – Evolução receita x Ebitda x lucro líquido, a partir do planejamento estratégico (em R$) milhões)

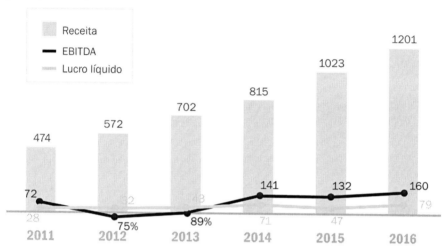

Fonte: o autor

Tabela 2 – Principais resultados, indicadores selecionados, 2011 a 2016

|  | 2011 | 2012 | 2013 | 2014 | 2015 | 2016 |
|---|---|---|---|---|---|---|
| Prazo médio de estoque (PME) | 191 | 150 | 122 | 122 | 122 | 122 |
| Prazo médio de recebimento (PMR) | 107 | 90 | 85 | 85 | 85 | 85 |
| Prazo médio de pagamento (PMP) | 46 | 44 | 45 | 45 | 45 | 45 |
| Ciclo financeiro | 252 | 196 | 162 | 162 | 162 | 162 |
| NCG diário MR$ | 1.329 | 1.620 | 1.944 | 2.332 | 2.799 | 3.359 |
| NCG mensal MR$ | 39.881 | 48.601 | 58.681 | 69.960 | 83.970 | 100.770 |

Fonte: o autor

É verdade que o mercado farmacêutico não enfrentou a crise pela qual vários setores passaram nos anos recentes, devido a fatores como envelhecimento da população, maior acesso à saúde e surgimento de novas necessidades para melhorar o bem-estar das pessoas, a exemplo da necessidade de vitamina D – cujo mercado, há 15 anos, era inexpressivo e, hoje, já atinge a marca de R$ 1 bi em vendas.

Contudo, no caso da União Química, é importante ressaltar algumas características que a levaram a um desempenho de destaque no segmento. A empresa soube enxergar a necessidade de investir em P&D para o desenvolvimento de produtos e reforçar sua presença no PDV. Acima de tudo, soube entender a necessidade de se repensar o modelo de negócios constantemente, em um ciclo contínuo de planejamento. Quando uma empresa encara um crescimento de 20% ao ano, como a União Química, se ela perde a capacidade de se repensar, a "inércia positiva" faz com que ela continue crescendo por mais, aproximadamente, três anos, no máximo. Se ela não for capaz de repensar seu modelo, levando a seu esgotamento, após esse período, ela enfrentará o efeito inverso – entrará na "inércia negativa". Todo modelo se esgota. Para a União Química, isso já está claro.

Para os próximos anos, a intenção é realizar novas aquisições pelo Grupo. O objetivo passou a ser ultrapassar a marca de R$ 2 bilhões de faturamento, em 2020 – uma expansão ambiciosa, acima do projetado para o mercado nacional de medicamentos. Enquanto as vendas de remédios no País devem crescer perto de 8%, a empresa estima alcançar um crescimento superior a 20%, ritmo que perseguirá nos próximos anos.

**Depois da bonança, a tempestade: o caso do Grupo In Press**

**Resumo**

A In Press sempre foi destaque no segmento de comunicação corporativa no País. Após alguns anos de crescimento entre 10 e 15%, decidiu por instituir um processo formal de planejamento, que lhe permitiu alcançar níveis ainda mais significativos de desempenho. No entanto, assim que o ambiente externo se mostrou desfavorável, a empresa se perdeu estrategicamente, e os resultados insatisfatórios assustaram os acionistas. Era o primeiro ano de resultado próximo a zero em mais de 30 anos de história. A solução foi trazer a metodologia do turnaround para evitar a consolidação de um cenário mais pessimista. Com o revés superado em apenas poucos meses, a empresa já se sente segura para voltar a crescer e acompanhar os desafios que vêm por aí, por meio de uma gestão mais profissional e madura.

## Introdução

Hugo, sócio e diretor executivo, tomou um susto. Era início de 2017 e, no momento de apurar a disponibilidade de caixa e o resultado dos dois primeiros meses do ano do Grupo In Press, do qual é diretor e acionista, constatou que a situação caminhava para uma crise que poderia levar o Grupo a um resultado negativo e à falta de caixa para honrar compromissos. O resultado operacional caía 32% em relação ao ano anterior, levando a empresa ao pior resultado da sua história. Era preciso agir. "Nesse momento, precisei exercer meu papel como acionista e questionar esses resultados", relembra. Na mesma hora, ligou para a consultoria que havia auxiliado a empresa nos últimos anos com o planejamento estratégico, para uma opinião. O consultor foi categórico: se nada fosse feito, essa situação negativa poderia se consolidar por um período mais longo. Era necessário um *turnaround*.

A In Press sempre apresentou bons resultados. Da sua criação, ao fim da década de 1980 até os anos 2000, conseguiu crescer paulatinamente, ano após ano. Desde a introdução do planejamento estratégico, em 2010, obteve ganhos ainda mais relevantes e conseguiu estruturar-se para atender a novas demandas e novos mercados. Até esse ano, a média de crescimento anual era de 10 a 15%. Nos cinco anos seguintes, após a introdução da metodologia, a receita subiu em média 25%, e o lucro, medido pelo indicador *profit before taxes* (PBT), cresceu, em média, 32%.

Se estavam indo tão bem, o que pode ter acontecido para que os resultados, em 2017, fossem tão insatisfatórios?

Kiki, sócio e CEO do Grupo, lembra-se das noites que passava envelopando *releases* de clientes espalhados em cima da mesa na sua própria casa, no começo da história da empresa. A In Press começou pequena, em 1988, pela iniciativa de Ivandel e Kiki, fundadores da empresa, focada na prestação de serviços de comunicação corporativa e assessoria de imprensa para empresas. Um ano depois, já fecharam um grande cliente, alavancando a empresa a status de destaque no segmento.

O modelo de negócios era muito seguro, relembra. Nas negociações de final de ano, 85% do faturamento do ano seguinte já estavam garantidos. Era o caso de renovar contratos e ajustar os valores pela inflação. A assessoria de imprensa funcionava por meio do pagamento de *fees* mensais em contratos com duração de um ano. "Não tínhamos problema de fluxo de caixa nesse modelo. Por isso, ninguém nunca deu muita atenção para a área financeira", admite Hugo.

Até 2010, o crescimento sempre se deu de forma orgânica. Novos clientes vinham por indicações. Vez ou outra, vislumbravam novas oportunidades de atuação, de acordo com o *feeling* que tinham do mercado e de quais segmentos viam abrir. Havia reuniões ao final de cada ano, nas quais eram discutidos os segmentos que priorizariam e serviços que poderiam ser oferecidos para cada cliente da carteira. "Isso sempre foi suficiente pra gente crescer 10, 15%", afirma Kiki. "Pra nós, isso era planejamento".

Aos poucos, o cenário certo foi mudando, e as empresas passaram a exigir atuação por meio da contratação de projetos específicos, trazendo menos segurança ao negócio. Roberta, hoje CEO da In Press Porter Novelli, integrante do Grupo, recorda que, ao final da década de 2000, grandes *players* estrangeiros começaram a vir para o Brasil e ameaçar a posição conquistada pela empresa, trazendo consigo um elevado nível de serviço. As mudanças no segmento, o avanço das tecnologias e da forma de relacionamento com o cliente trouxeram novos desafios para a comunicação corporativa, que exigia, então, soluções integradas e presença simultânea em diversos canais. A In Press não estava pronta para isso. "Precisávamos conhecer melhor o mercado. Para onde estamos indo e o que precisamos fazer para planejar nosso crescimento".

Assim, começaram a sentir a necessidade de maior preocupação com o futuro. "Quando somos líderes de mercado, a gente se sente como super-heróis, mas as coisas estavam mudando". A perenidade do negócio dependeria de um olhar mais assertivo sobre um plano de voo, em que fosse possível mensurar e acompanhar resultados de forma sistemática.

Nesse meio tempo, Hugo, filho do Ivandel, entrou na empresa para trabalhar na área comercial. Tendo cursado administração, continuou seus estudos em pós-graduação na área e teve contato com soluções de consultoria voltadas para implementação de ferramentas de gestão em pequenas e médias empresas. Uma solução em especial chamou sua atenção.

A proposta de trabalho envolvia desenvolver e implantar um modelo de gestão com foco em melhoria de resultados e aumento de competitividade da empresa, baseando-se em atividades de elaboração e implementação de um planejamento estratégico e de visão de futuro, especificação dos objetivos e métricas a serem alcançados, avaliação de resultados, controle de metas e acompanhamento das iniciativas para alcance dos resultados estabelecidos no projeto empresarial. Os trabalhos seriam conduzidos por um consultor externo, que serviria de mentor e guia para a condução das ações.

Hugo levou a ideia para Kiki, que se mostrou receptiva. Hoje, admite que, à época, não via tanta necessidade daquilo. Até então, sempre se viram como pequenos, sem a necessidade de um planejamento estratégico estruturado. Não imaginava que a gestão estratégica envolvia muito mais que aquilo que faziam. Entretanto, em uma reflexão mais profunda, a proposta fez sentido. Afinal, naquele momento, a In Press já contava com dezenas de funcionários e operações no Rio de Janeiro, em São Paulo e em Brasília.

## Alavancagem por meio da gestão estratégica

Olhar o futuro de maneira mais organizada: era esse o objetivo. De fato, para Roberta, "um dos grandes méritos de 2010 foi uma mudança de cultura, em direção a uma gestão mais profissional".

Já em 2010, iniciaram reuniões de reflexão estratégica, com a participação dos acionistas e dos diretores executivos. Os primeiros passos foram determinar os valores, missão e visão, bem como os pilares de crescimento a serem seguidos no horizonte dos cinco anos seguintes. A discussão envolveu compreender as forças e os diferenciais da In Press, tais quais força da marca, posicionamento forte em consumo, gestão de crise, relacionamento com o cliente e qualidade da entrega.

Era fundamental alinhar com todos aonde se queria ir e até aonde era possível chegar – algo que nunca havia sido feito. Para isso, era importante construir uma meta, que servisse de guia para as ações a serem propostas.

Quadro 5 – In Press: resultados da reflexão estratégica

| |
|---|
| MISSÃO |
| Trabalhar estrategicamente com os clientes para a valorização de sua reputação, influenciando opiniões, crenças e comportamentos dos públicos de interesse. |
| VISÃO 2015 |
| Ser reconhecido como o mais estratégico dos parceiros de comunicação das organizações, o líder em crescimento sustentável e uma das melhores empresas para se trabalhar. |
| VALORES |
| - Dedicação ao cliente: estudar profundamente e permanentemente o negócio e mercado do cliente para oferecer sempre as soluções mais eficazes de comunicação; estabelecer relações pessoais e profissionais, respeitosas e baseadas na confiança mútua e na excelência dos serviços. |

## Modelagem Ecta

- Atitude colaborativa: interagir com as pessoas, compartilhando experiências, conhecimentos e atitudes e colocando as competências individuais a serviço da equipe.

- Comprometimento: honrar compromissos assumidos com os clientes, In Press, equipes, fornecedores e parceiros.

- Ambiente informal e amigável: combinar responsabilidade e prazer num ambiente de trabalho em que o espírito de equipe faz toda a diferença.

- Postura ética: agir de acordo com o Código de Conduta Ética da In Press.

- Inovação: ter uma atitude ousada, inquieta e criativa para antecipar tendências e manter a In Press na vanguarda. Ser aberto às mudanças.

- "Pensar e Agir Grande": reconhecer-se parte de uma empresa de ponta, adotando uma atitude autoconfiante com seus públicos de relacionamento profissional, que reflita a liderança da In Press em seu mercado.

Fonte: o autor

Os executivos com a consultoria analisaram dados, e o consultor propôs um crescimento de 20% na receita e 25% no PBT nos anos seguintes, baseando-se em análises dos resultados dos anos anteriores. A meta era crescer a receita em 150% até 2015. Patrícia, diretora executiva, que hoje está à frente da unidade de Brasília, não estava na empresa nessa época, mas conhece os acontecimentos dessa reunião. "Esse encontro virou uma fábula aqui dentro. Dizem que, assim que ele propôs a meta, foi uma gritaria, um alvoroço total. Como aquilo seria possível?", brinca.

Figura 35 – Metas de receita bruta e % de PBT

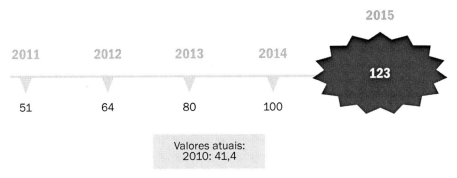

Fonte: o autor

Ora, se a empresa vinha crescendo de forma significativa sem o planejamento guiando-a, com essa metodologia, os ganhos deveriam ser ainda maiores. O consultor lembra as palavras que usou para acalmar os ânimos naquela reunião: "Vocês contratam a consultoria para crescer igual cresceram nos últimos anos? Estamos aqui para fazer mais". Era preciso estimular a ambição dos executivos: "Até onde vocês podem chegar?".

"A gente tinha uma visão de mercado muito boa, mas precisava de uma condução a favor de um plano de crescimento; segmentos de mercado e novos serviços, ter um olhar mais de gestão", reflete Roberta. Ela reconhece que o processo de planejamento foi também um processo de capacitação em gestão para toda a liderança, composta, principalmente, por jornalistas e profissionais da área de comunicação. "Muita coisa era novidade para a gente". Ao fim, aceitaram o desafio.

Além da meta financeira, foram postas duas outras metas qualitativas: serem reconhecidos pelos clientes como o mais estratégico dos parceiros e figurar, ao final de 2015, na lista das 100 melhores empresas para se trabalhar no Brasil.

Figura 36 – Visão 2015: resumo gráfico

Fonte: o autor

A partir da meta, foi desenvolvido o mapa estratégico para os cinco anos seguintes. O mapa visa a traduzir a estratégia da organização em objetivos mensuráveis ligados a quatro dimensões específicas: financeira, cliente/mercado, processos internos e crescimento e aprendizagem.

Na dimensão financeira, a expectativa dos acionistas de aumentar o PBT – já considerado ótimo – seria alcançada por meio do aumento das receitas e da redução de custos e despesas. Em mercado, foram eleitos quatro focos estratégicos de crescimento: (1) aumentar vendas com soluções integradas e completas de comunicação; (2) aumentar participação de mercado em infraestrutura, esporte e grandes eventos, visando à Copa do Mundo e às Olimpíadas; (3) aumentar receita com o governo; e (4) aumentar receita com médias empresas. Para o sucesso dos focos estratégicos de crescimento, seria necessário fortalecer a entrega da proposta de valor da In Press aos clientes: oferecer soluções com versatilidade, agilidade e confiabilidade. Outro ponto importante era agregar novos serviços e ampliar a oferta para o mercado.

Internamente, seria necessário desenvolver processos relacionados ao marketing institucional, à articulação política, à prospecção de novos clientes e ao crescimento orgânico, como forma de intensificar o relacionamento com *stakeholders* externos. Ainda era preciso melhorar eficiência, criar sistemática de compartilhamento de conhecimento e buscar novos produtos, como mídia digital, *public affairs*, expertise em esporte e setor público. Embasando toda essa construção, era fundamental focar em reter e desenvolver profissionais-chave e fomentar um clima propício à ação focada em objetivos e metas.

Figura 37 – Mapa estratégico Grupo In Press

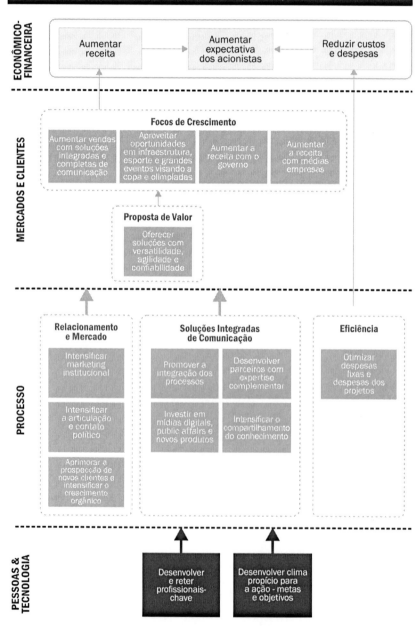

Fonte: o autor

O aumento da oferta de serviços, para atender ao objetivo de entregar soluções integradas na dimensão mercado, envolveu a incorporação de soluções de vídeo, soluções digitais, *public affairs,* esportes, projetos especiais e outros. Essas áreas deveriam ser desenvolvidas e fortalecidas pela In Press, como forma de sanar *gaps* de competência no atendimento às demandas dos clientes por soluções integradas. Algumas dessas áreas surgiram de dentro da própria empresa, por meio da criação de novos departamentos ou da parceria com *experts* na área, que ganharam status de sócios. Outras vieram via fusões e aquisições. Implantou-se uma estrutura matricial para atendimento aos clientes, mediante a formação de núcleos especializados compostos por um gestor e membros de cada uma das novas empresas.

Dessa forma, permitiu-se a entrada em novos segmentos e incorporação de expertise nas áreas prioritárias de maneira rápida e efetiva. Foi uma estratégia certeira como argumento de venda dos novos serviços: o histórico de mercado das empresas adquiridas pesava a favor da In Press. Para o atendimento aos projetos do governo, por exemplo, trouxeram a In Press Oficina. Em apenas dois anos, o faturamento advindo desse segmento saltou de R$ 1 mi para R$ 8 mi. Na mesma linha, trouxeram a Media Guide para esportes. Essa empresa, dentro da plataforma da In Press, saltou de um faturamento de R$ 1,5 mi para mais de R$ 8 mi, em três anos.

Essa nova configuração levou à formação da In Press como Grupo, catapultando-se de agência para um conglomerado de empresas interdependentes. Para Roberta: "um dos grandes legados daquele momento foi a formação do Grupo. Enquanto os concorrentes tinham departamentos, nós nos posicionávamos perante os clientes com empresas com expertises consolidadas. Cada uma com executivos envolvidos com o crescimento de cada negócio, mas permeadas por uma mentalidade ganha-ganha". Consequentemente, para benefício do Grupo como um todo.

No ano seguinte, 2011, foi dado início à rotina de acompanhamento do plano. Mensalmente, reuniam, na sede do Rio de Janeiro, os acionistas e executivos das empresas do Grupo, em reuniões diuturnas. O resultado de cada indicador estabelecido no mapa estratégico era analisado, com foco, inicialmente, para a dimensão financeira. Cada líder tinha que atualizar os demais sobre o desempenho de sua área. Todos eram responsabilizados de forma direta pelos indicadores.

Inicialmente, eram encontros tensos. Nas palavras de Patrícia, o consultor "tirava o couro", relembra, brincando. "Não era confortável, mas nenhuma mudança é. Apesar de tudo, sinto saudades dessa época, acredita?". O crescimento era perceptível. Segundo Roberta: "era a primeira vez que olhávamos o negócio como um todo. As reuniões eram desconfortáveis, você colocando seus dados e resultados na frente de todo mundo e tendo que se explicar."

Nessas oportunidades, problemas que nem se imaginava existirem começam a aparecer. Quando as pessoas das áreas-fim são cobradas de forma tão intensa, passa-se a perceber que também é importante dedicar-se à estruturação das áreas de apoio. Era necessária uma expertise mais aprofundada para assessorar os demais, além de um nível superior de sinergia entre as áreas. Aos poucos, com o ganho de maturidade no processo de acompanhamento, passaram a olhar o mapa estratégico nas quatro dimensões, começando a perceber em que medida as demais dimensões e áreas de apoio também influenciavam na meta financeira.

O consultor cobrava que os gestores fossem "donos do resultado" e que dominassem seus resultados. As reuniões eram também um momento de tomadas de decisão. Todos deveriam ir ao encontro com o FCA formulado: identificando o <u>fato</u>, relacionando-o à <u>causa</u> do resultado e propondo uma <u>ação</u> a ser desenvolvida, para dar *follow-up* ao longo do mês e apresentar no encontro seguinte. Também deveriam ter a análise dos indicadores de tendência de seus resultados.

Os frutos começaram a ser colhidos logo em seguida. Já em 2011, o crescimento surpreendeu: a receita subiu 22,7%, e o PBT, 37,8%.

Figura 38 – Crescimento com relação ao ano anterior, variáveis selecionadas

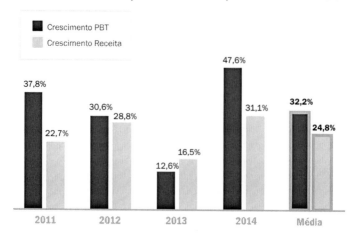

Fonte: o autor

"A execução do planejamento foi fantástica", recorda o consultor. O alcance da meta de receita oscilou entre 96 e 103% ao ano, no período. Em 2014, o PBT ficou em 113% da meta. Foi o ano em que a empresa alcançou o valor simbólico de R$ 100 mi de receita bruta. "Chegamos a 92,8% de entrega de todas as metas estabelecidas até 2014". Esse foi também o último ano de atuação do consultor na empresa, quando saiu para integrar o conselho do Grupo, junto à Kiki e a um representante da Omnicom Group, que também detém participação na In Press.

Até esse momento, a empresa vinha apresentando um crescimento consistente. Hugo acredita que, naquele momento, conseguiram aproveitar o momento favorável de crescimento do País e boas perspectivas com grandes eventos esportivos, como a Copa do Mundo de Futebol e as Olimpíadas. Esse aproveitamento só foi possível graças ao modelo de gestão estratégica implementado.

Essencial nesse processo foi a confiança depositada no consultor externo e no método trazido, focado na ação, na disciplina e no engajamento emocional dos gestores e nos resultados. "Ele nos dava firmeza e ajudava a embasar as decisões com dados e experiências prévias". Disciplina para execução foi fundamental. "O nível de exigência era alto. Ele puxava o melhor em cada um". Ao mesmo tempo, a metodologia se demonstrou assertiva. Em um primeiro momento, o planejamento permitiu que toda a empresa se alinhasse em torno dos mesmos objetivos. Em seguida, o processo de acompanhamento levou todos a focarem nos resultados e a buscarem a concretização das metas estabelecidas.

Kiki vê que a empresa "saiu da experiência com metas, controle, cobrança pelos resultados. Noção de quem éramos e para onde queríamos ir". Para Hugo, o planejamento "era a pilha que precisávamos para crescer. E crescemos".

## O choque e a recuperação

Com a saída da consultoria, no início de 2015, muito dessa cultura de execução foi perdida. A percepção é de que o período em que passaram juntos não foi suficiente para que a empresa conquistasse a maturidade adequada para rodar o método por conta própria. Com a iminência das Olimpíadas, em 2016, com que muitos clientes estavam envolvidos, o volume de trabalho aumentou consideravelmente, e muitos aspectos foram deixados de lado. O novo ciclo de planejamento não foi realizado com a mesma profundidade do primeiro. Várias das áreas de apoio não tinham sido ainda reestruturadas para atender às novas demandas das áreas-fim, orientadas a resultados. "Precisávamos de alguém para pegar pelo cabresto", reflete Roberta.

Nessa mesma época, a conjuntura nacional não se mostrava mais tão favorável para o segmento. Em 2016, o PIB brasileiro caía pelo segundo ano seguido, com uma retração de 3,6% em relação ao ano anterior. No segundo semestre daquele ano, vários clientes fecharam suas contas. Por um lado, porque passaram por vendas e fusões e, por outro, na visão da Kiki, porque a In Press se mostrou incapaz de oferecer soluções para atender às novas demandas que surgiam, levando muitas empresas a optarem pela concorrência.

A gestão da estrutura pensada para o Grupo foi especialmente desafiadora. "Era uma proposta sólida, forte, mas não estava rodando", afirma Kiki. A integração do número crescente dos diferentes departamentos e empresas do Grupo mostrava-se cada vez mais complexa. Kiki admite que, durante o crescimento da In Press, não se preocuparam em desenhar os processos de gestão necessários para garantir que estariam alinhados aos mesmos objetivos.

Ao mesmo tempo, Hugo reconhece que erraram a mão na hora de tomar determinadas decisões, com pouca consideração sobre os impactos financeiros que trariam. "Nessa época, não tinha ninguém olhando os gastos, a gente continuava pisando no acelerador", admite. Juntando a um cenário de "vacas magras", que já não respondia com o mesmo otimismo dos anos anteriores, a ausência de uma liderança para acompanhar, cobrar e controlar, os resultados, começaram a declinar.

O choque veio com a ausência de distribuição de lucros para os acionistas, no início de 2017. A gestão da empresa estava, de certa forma, conformada em terminar o ano de 2016 com os resultados despencando, diante da justificativa do cenário externo desfavorável. Contudo, uma análise mais atenta dos resultados demonstraria que, se nada fosse feito, a tendência de queda poderia ser irreversível, e fechariam 2017 com resultado negativo.

Figura 39 – Margem PBT e margem líquida, 2013 a 2017

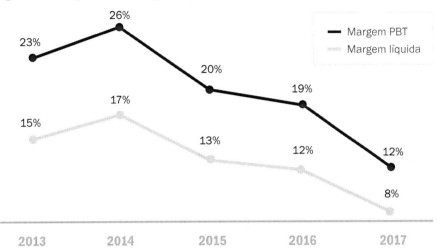

Fonte: o autor

Tabela 3 – Crescimento da receita das empresas do Grupo, 2015 a 2017

| Cresc. receita | 2015   | 2016   | 2017   |
|---|---|---|---|
| PNSP  | 7,7%   | 2,8%   | -15,1% |
| PNRJ  | -4,4%  | -7,1%  | -6,0%  |
| IPODF | 12,9%  | 18,8%  | -21,4% |
| MG    | 21,5%  | 49,6%  | -63,0% |
| VB    | -17,7% | -5,3%  | 1,9%   |
| FH    |        | 56,7%  | -4,3%  |

Fonte: o autor

Em 2017, com exceção de uma das empresas do Grupo, todas apresentaram quedas na receita. As despesas, por outro lado, aumentavam ano após ano. Só entre janeiro e maio de 2017 houve aumento de 3,9% na folha de pagamento com relação a 2016. Despesas com *backoffice* aumentaram 16,1%. Houve aumentos significativos de gastos com viagens, em 274%, e comunicação institucional, em 402% – incabíveis em um cenário de queda de receitas.

Um indicador importante monitorado nas reuniões de acompanhamento até 2014 era o percentual do aumento da receita sobre o percentual de aumento das despesas. Uma razão simples, que mostrava a importância de se zelar por um crescimento sustentável – mas que foi logo deixado de lado. A falta de um espírito de austeridade começava a cobrar seu preço, em um cenário em que a estrutura se mostrava incapaz de acompanhar a queda nas vendas. A margem líquida do Grupo, que desconta custos do projeto, das unidades e do corporativo, caiu de 17%, no auge de 2014, para menos da metade em 2017. A margem PBT, foi de 26% pra 12%, no mesmo período.

A incapacidade da empresa em gerar caixa e o iminente risco de endividamento indicavam a necessidade de ações emergenciais para reverter o quadro negativo. Nesse contexto, foi proposta a implantação da metodologia do *turnaround*, com foco na aceleração dos resultados e maximização da geração de caixa.

Para conduzir o processo, seria necessário um profissional que fosse confiável, respeitado dentro da empresa e que realmente se comprometesse com os resultados. Em uma situação como essa, conquistar o engajamento emocional e ter disciplina na execução são ações de suma importância para se conseguir reverter os resultados. O escolhido foi o próprio Hugo, que, então, conduziria o *turnaround* com apoio do consultor externo, que voltou a acompanhar a empresa na condução do processo. "Nem ele acreditava nele mesmo, mas a escolha foi certeira". O foco prioritário foi otimizar o financeiro da empresa, por meio, principalmente, do foco em produtos e clientes mais lucrativos e com menor impacto na necessidade de capital de giro (NCG), da redução de custos, despesas e NCG e melhor gestão dos ativos.

As primeiras ações envolveram o corte de gastos desnecessários e a redução das ineficiências. Lançando um olhar mais crítico para as despesas, pela primeira vez, algumas anomalias foram facilmente identificadas. Tickets de alimentação pagos em período de férias e feriados foram cortados, assim como foi implementado o repasse aos funcionários dos valores de coparticipação do plano de saúde empresarial. Implantaram um maior controle sobre despesas com viagem, hotel e diárias. Salas vazias foram dispensadas, e um plano para mudança da sede de São Paulo para um local mais econômico foi traçado. Começaram a utilizar mais funcionários temporários, de acordo com a demanda dos projetos, para evitar um alto índice de ociosidade da equipe. Foram realizadas campanhas de conscientização entre os funcionários para ajudarem nos resultados e implementar melhorias e economias. Não houve demissões em massa, mas substituições importantes de figuras-chave que não respondiam nos termos exigidos. "Alguns saíram, porque não entendiam que era preciso mudar", relembra Hugo. Houve algumas renegociações com clientes para que pagassem em dia, com menor prazo e melhor margem, como foram os casos da Ambev e Unilever.

Dada a situação negativa de geração de caixa, foi necessária uma captação emergencial de R$ 2 milhões, no início de 2018. Áreas passaram por uma reestruturação por meio da centralização de serviços, culminando em um centro de serviços compartilhados. Contabilidade, financeiro, jurídico, RH e outros foram reunidos em um mesmo departamento para atender às diferentes empresas do Grupo, levando a um ganho de dois pontos percentuais na margem. A área de criação e planejamento para atender os clientes também foi centralizada, resultando em otimização de expertises, eficiência e garantia de qualidade na entrega dos resultados. Algumas das empresas do Grupo passaram a ser internalizadas, como forma de facilitar o controle sobre elas e garantir a tão necessária eficiência e integração dos serviços ofertados.

Prazos de pagamento e de recebimento foram renegociados junto a clientes e fornecedores, visando a um ciclo financeiro mais saudável. O número de contratos baseados no sistema de ordens de compra, que frequentemente levava à execução de serviços muito antes do prazo de recebimento, foi reduzido. A inadimplência caiu pela metade.

O resultado ao final de 2018 foi de uma economia de R$ 2 milhões e um ganho de caixa de R$ 3 milhões, com redução do ciclo financeiro. A margem operacional líquida, em relação a 2017, teve um crescimento de 46,7%, superando a meta em mais de R$ 1 mi. O faturamento total ficou acima da meta em 4,3%. Em relação a 2017, o crescimento foi de 23,5%. Em 2018, enfim, já foi possível regularizar a distribuição de lucros para os acionistas.

## De volta aos trilhos: 2019 e o futuro

Apenas alguns meses depois, em 2019, já conseguem afirmar que, definitivamente, o fantasma do *turnaround* ficou para trás, graças a um plano de ação focado, conduzido com comprometimento e disciplina. O Grupo In Press atinge um PBT e faturamento 10% acima de 2018.

O valor economizado com os cortes dos últimos anos permitiu ao Grupo traçar um plano de investimentos expressivos em capacitação, tecnologia e gestão de processos. A área corporativa reforçou as diversas ações e implementações, cujo principal objetivo estava em padronizar processos atividades e, com isso, ganhar sinergias e eficiências em todos os processos, em gestão de equipe com os treinamentos de liderança, criação de uma área de compras e investimentos em sistematização. Quase R$ 1 mi foram gastos na capacitação de pessoas e no desenvolvimento de lideranças.

Foram realizados investimentos no mapeamento de processos, na unificação de ferramentas entre as áreas e na integração dos departamentos por meio da contratação de um novo sistema de gestão, que segue a lógica de *workflows*. Tudo para garantir uma visão holística da execução das atividades, do *briefing* até a entrega do produto final e evitar que se perca o controle sobre a gestão das operações.

A implantação do centro de serviços compartilhados mostrou-se bem-sucedida. Foi criado ainda um escritório de projetos para auxiliar na gestão das iniciativas transversais às empresas, visando a atender às demandas dos clientes de forma integrada – uma importante conquista para a competitividade da In Press. A gestão contábil passou por uma revisão e está hoje 100% alinhada com o gerencial, permitindo um controle mais próximo à realidade do dia a dia das operações.

Mesmo com esses novos investimentos, a geração de caixa estabilizou-se em um patamar satisfatório, permitindo melhores controles e visibilidade de futuro. Agora podem olhar para frente e ver como amadureceram nos processos de gestão e execução estratégica. Nas palavras de Hugo, "até então, só apagávamos incêndios. Hoje já não somos mais bombeiros". Segundo Patrícia, "foram anos de 'meu Deus o que está acontecendo?', até que finalmente conseguíssemos respirar". O planejamento ajudou a compreender melhor o ambiente externo. "A maneira como as pessoas produzem, consomem e propagam mudou. O mercado mudou, a gente sentiu esse impacto. O nosso *core* não vai mudar: construir reputação. O que vai mudar é a forma que isso vai acontecer". Ou seja, o "o modelo se esgotou".

Em 2019, retomaram o planejamento. O foco agora foi na estratégia de crescimento, vislumbrando novos desafios, por meio de um processo mais participativo. Atualmente, o Grupo é responsável por dar as orientações e diretrizes gerais, e cada empresa elabora seu próprio plano estratégico, com metas e objetivos específicos próprios, em um contexto de responsabilização de toda a média liderança.

As atividades do conselho, pouco ativo desde sua formação, em 2014, foram retomadas, dado o reconhecimento de sua importância como instrumento de segurança para guiar a formulação e execução da estratégia do Grupo.

O planejamento permitiu que fosse conquistada uma visão mais de longo prazo. Há uma preocupação com uma perenidade do negócio, que antes não era tão explícita. "Hoje em dia, envolvemos a agência como um todo na missão de bater a meta e no que é necessário para chegar lá". Há maturidade para entender e acompanhar os resultados. Os números e indicadores estão muito mais claros para todos na empresa.

A maturidade conquistada permite que as discussões se aprofundem ainda mais, inclusive buscando compreender detalhes importantes, muitas vezes intangíveis, que também influenciam nos resultados e ajudam a conduzir os processos gerenciais de forma mais efetiva.

A In Press possui uma cultura muito única. O Grupo conta com um time de lideranças majoritariamente femininas, que prioriza decisões obtidas por meio de consenso entre todos os envolvidos, muito mais que por meio de imposições *top-down*. A compreensão dessa cultura levou tempo e, para entender a melhor forma de gestão, houve um longo processo de reflexão. A ideia é identificar uma forma de governança clara, entender quais serão as vias de crescimento e como é possível alcançá-las. "Entender as pessoas, nos permite nos posicionarmos melhor no mundo", reconhece Patrícia. "Hoje, o *board* da empresa consegue olhar essas coisas".

Uma grande herança da experiência dos anos recentes, nas palavras da Kiki, foi entender que mesmo os modelos mais bem-sucedidos se esgotam, eventualmente. "A gente precisa sempre entender que estamos com a corda no pescoço, precisamos fazer mais e mais, sempre". A nova ordem é nunca parar: "estamos com a faca e o queijo na mão, não podemos é voltar a acomodar".

# 7

# Os segredos do sucesso da gestão estratégica

Afinal, o que esses casos nos mostram? Que aspectos eles têm em comum? Há similaridades nos modelos de gestão de performance adotados por essas empresas e que podem nos levar a identificar aspectos importantes a serem replicados em outras organizações que desejam ser bem-sucedidas na implantação da Modelagem Ecta?

Acreditamos que sim. Vamos analisar os principais pontos que levaram cada um dos casos ao sucesso.

## O que podemos aprender

Quando chegamos à Açometal, ficaram claras para nós a falta de direcionamento e a ausência de foco por toda a empresa. A alta administração não fornecia ao restante da organização objetivos explícitos a serem alcançados. As operações eram muito ineficientes, quando comparadas com as melhores práticas do mercado. As decisões eram tomadas exclusivamente de forma reativa, com ausência total de prospecção de novas oportunidades.

A situação da empresa era extremamente crítica e exigiu a adoção de um processo de *turnaround* aliado à recuperação judicial. Começamos por definir **aonde a empresa queria chegar** com o *turnaround* e estabelecemos, como premissa, o **foco** na busca de eficiência. Para a liderança do *turnaround*, seria necessário alguém que se engajasse e compartilhasse da visão da empresa e que inspirasse confiança nos membros da equipe, diante de tamanha situação desafiadora. Assim, seguimos imediatamente com uma reestruturação interna, trazendo novas pessoas para compor o **time** de primeira linha.

O modelo *turnaround* exige de todos **disciplina** na execução das ações propostas para que sejam conquistadas as metas de eficiência. Nesse ponto, a escolha do novo time da Açometal foi assertiva: os *targets* de redução de custos e otimização dos resultados passaram a ser perseguidos com afinco. Para alcançá-los, buscamos clientes mais rentáveis e trabalhamos com produtos de maior valor agregado, como a telha termoacústica, contribuindo para melhorar a eficiência da produção e a margem bruta da empresa. A eficiência passou a ser seu **diferencial**. Foi priorizado o atendimento de clientes pequenos mais rentáveis, que teriam menor poder de barganha, prazos de pagamento mais favoráveis e preços melhores para serem trabalhados. Além disso, revisitamos processos, otimizamos a logística e trabalhamos fortemente na interface entre as áreas, de forma a assegurar maior **alinhamento** entre as atividades e os **processos**.

Graças ao *turnaround*, foi possível preparar a Açometal para a recuperação judicial. Poucos meses depois, os resultados se mostraram positivos, e a empresa se sentiu pronta para crescer novamente.

Encontramos no Apsen uma empresa com uma equipe de linha de frente muito jovem. A falta de experiência da liderança com a indústria farmacêutica levou a uma falta de foco estratégico, refletida em investimentos pulverizados, em um portfólio mal trabalhado e sem visão de longo prazo. Com isso, o laboratório apresentava um crescimento longe do satisfatório e bem abaixo da média do mercado.

Uma das primeiras ações que desenvolvemos na empresa foi fomentar a **ambição** dos gestores e começar a cultivar uma perspectiva estratégica de mais longo prazo para os resultados. A ambição foi sintetizada no *slogan* 1-30-40, que traduzia, de forma sucinta, a meta de se alcançar um faturamento de R$ 1 bilhão, com 30% de Ebitda e 40% de receita de novos produtos. Durante as discussões sobre essa visão, ficou claro para a direção que a então atual equipe de primeira linha não seria capaz de concretizá-la. Assim, uma segunda ação importante foi trazer **pessoas** com maior expertise e experiência, **alinhadas** a essa ambição, para comandar as ações do laboratório.

Durante o planejamento, foi definido que o diferencial estratégico do Apsen seria a inovação incremental para produtos de prescrição, em que a empresa já tinha força, aliada a um trabalho diferenciado em campo, junto aos médicos. Entender esse **diferencial** foi fundamental para compreender os produtos e processos internos da empresa que deveriam ser revistos, reestruturados, otimizados ou até mesmo eliminados, de forma a garantir que estivessem todos **alinhados à estratégia**. Um exemplo é o caso do Foline e do Zentage, que são MIPs, medicamentos isentos de prescrição. A equipe acabou decidindo por removê-los do portfólio, pois não estavam alinhados ao diferencial do Apsen e, por isso, não compartilhariam das estratégias adotadas para os demais medicamentos vendidos sob prescrição.

Assim, a área comercial pôde focar na capacitação, execução da estratégia no campo e gestão do time de ponta responsável pela visitação médica, provendo a eles um maior repertório para ser trabalhado com os médicos e um sistema de gratificação para o alcance de metas de desempenho. A diretoria de novos produtos pôde focar em trazer ao mercado novos medicamentos com marcas já consolidadas, indo ao encontro das reais necessidades dos médicos – a exemplo do Flancox 500, de dosagem mais forte, que virou líder em prescrição entre os anti-inflamatórios, do Donarem Retard, com uma liberação mais longa, e da combinação das vitamina D com K em um único comprimido, que já eram frequentemente prescritas em conjunto.

A profissionalização da empresa passou ainda pela criação de processos robustos de *compliance,* que, ultimamente, também contribuíram para a **disciplina** na condução da operação do dia a dia de forma alinhada à estratégia traçada.

Como resultado, conseguimos, já no primeiro ano, superar o crescimento médio do mercado e alcançar as metas propostas de faturamento e Ebitda dentro do prazo estipulado.

A União Química, por sua vez, vinha crescendo menos que o mercado, com um dos piores resultados da indústria. Consequência, principalmente, de um portfólio com pouco valor agregado. Iniciamos os trabalhos com a criação de uma visão, resumida no *slogan* 20-16, que evidenciasse a **ambição** da alta direção para os negócios. Em seguida, trabalhamos na difusão dessa ambição por toda a organização, para que fosse abraçada por todos, de forma **a alinhar a equipe e os processos** em torno da mesma direção estratégica. O time, apesar de profissional e experiente, estava inicialmente perdido, sem foco ou objetivo único.

As discussões de planejamento levaram ao estabelecimento de uma estratégia clara. Definiu-se que o **diferencial** seria embasado pelo foco na área hospitalar, seguida de prescrição em produtos oftalmológicos e, posteriormente, terceirização. Foi implantada uma metodologia de acompanhamento mensal dos resultados, com responsabilização direta dos executivos pelo desempenho alcançado. Essa **disciplina** sobre a sistemática de execução da estratégia contribuiu para um crescimento de 20% ao ano e ao alcance de 20% de Ebitda, conforme a ambição traçada a priori.

Antes de iniciarmos os trabalhos na In Press, a empresa já vinha conquistando resultados positivos. Crescia bem e possuía uma equipe competente. Contudo, notamos, a princípio, que havia muito espaço para melhorar. Com uma postura mais proativa e foco no longo prazo, os resultados poderiam ser ainda maiores. Algumas pessoas da equipe possuíam potencial, e percebemos que poderiam trazer melhores resultados.

Com isso em mente, começamos por identificar aquelas que demonstravam **ambição** e que poderiam liderar grandes desafios, por serem capazes de se entregar aos desafios apresentados. Conquistamos o **engajamento emocional do time** por meio da construção conjunta da estratégia, de sua participação no processo, que permitiu dar-lhe clareza no direcionamento das ações a serem perseguidas. O engajamento veio ainda da **visão** compartilhada de desejarem ser reconhecidos como destaques no mercado e por fazerem parte dessa conquista. O desafio do crescimento foi **abraçado por todos**.

Um desafio particular que enfrentamos na In Press, no início, foi a alta **indisciplina** dos executivos para o cumprimento das ações acordadas nas reuniões de monitoramento. Foi necessário que tomassem um "choque", com a nossa ameaça de cancelar o projeto, para que se tornassem mais **comprometidos**. Por um período de tempo, deu certo. A In Press, nos quatro anos seguintes, mais que duplicou de tamanho, tornando-se a maior empresa de assessoria de imprensa para empresas privadas no Brasil.

Essa cultura da disciplina, entretanto, ainda não estava enraizada na empresa no momento que encerramos a primeira fase dos nossos trabalhos por lá, no início de 2015. As reuniões de resultado não tinham mais o mesmo foco, e os executivos acabaram sendo consumidos pelas operações do dia a dia. Passou a faltar disciplina para entender os resultados estratégicos de curto prazo e o comportamento do cliente. Com isso, perderam o olhar para o mercado. Este continuava a mudar, mas, sem acompanhar de forma sistemática o desempenho, os resultados e as eventuais ameaças, a empresa não conseguia perceber que seu modelo de negócios se esgotava (mudança de *fees* mensais para contratação por projetos). Dessa forma, não conseguiu preparar-se a tempo para atuar nesse novo modelo. Os processos estavam **desalinhados** e passaram a não entregar os resultados como deveriam. Em 2017, os resultados pioraram muito.

Felizmente, com a retomada do trabalho de consultoria, conseguimos garantir a volta da disciplina e levá-los à melhoria da eficiência e dos resultados por meio do *turnaround*. O modelo foi revisitado, e a sua execução, acelerada, para enfrentar as novas necessidades do mercado. Criaram uma área centralizada de criação e planejamento, para identificar projetos dentro dos clientes e ser mais criativos, e enxugaram a estrutura. O *turnaround* surtiu efeito e colocou a empresa nos trilhos pouco tempo após sua implantação.

Importante para sucesso nos dois momentos, de estratégia de crescimento e de turnaround, foi a definição do **diferencial estratégico** da organização. No primeiro momento (EC), o de integrar serviços para fornecer a solução completa; no segundo momento (TA), da busca de eficiência com o *turnaround*.

Há pontos em comum em todos os casos que podemos resumir em cinco pontos que chamamos de **cinco segredos do sucesso da gestão**.

## Os cinco segredos do sucesso da gestão

Figura 40 – Segredos do sucesso da gestão estratégica

Fonte: o autor

### Ambição

Em todos os casos, foi de suma importância discutir e definir, junto aos *stakeholders* principais, logo no início dos trabalhos, qual seria a ambição deles para o negócio. Essa ambição está intimamente relacionada ao conceito de visão. Podemos entender visão de duas formas: algo que vislumbramos por meio de uma perspectiva mais atemporal e emocional; ou por meio de uma perspectiva objetiva de futuro, ou seja, o que queremos ser no futuro e como medir se estamos no caminho certo. A ambição deve estar alinhada a esse segundo aspecto.

É importante, em seguida, torná-la clara para todas as pessoas envolvidas no processo. Ao traduzi-la em uma sigla ou um número, fica fácil entendê-la, difundi-la pela organização e resgatá-la sempre que for necessário.

A ambição remete não apenas a números referentes à dimensão financeira do negócio, como também a aspectos subjetivos, muitas vezes relacionados a algum tipo de reconhecimento externo. A ambição da Giraffa's, por exemplo, incluía a meta de ser reconhecida como a primeira opção em alimentação fora do lar pelos brasileiros, enquanto na L'Oréal, além do objetivo de duplicar de tamanho, aspirava-se estar entre as 10 melhores empresas para se trabalhar. A busca por reconhecimento é um forte *driver* de engajamento emocional: as pessoas são motivadas por fazer parte de algo maior e tendem a se envolver mais no processo de busca por resultados.

**Diferencial**

Figura 41 – Diferencial estratégico

Fonte: o autor

Estabelecer um diferencial estratégico é importante para definir o foco de atuação da empresa e potencializar resultados em torno de expertises consolidadas. Esse diferencial permite a concentração de esforços em torno de aspectos que efetivamente levarão à concretização da ambição da empresa.

O diferencial pode evolver a escolha de determinados focos estratégicos de crescimento, a busca por maior eficiência ou por um posicionamento estratégico único e sustentável.

Focos estratégicos de crescimento são avenidas que a empresa percorrerá para crescer, os produtos ou serviços que ela desenvolverá e em quais mercados ou segmentos atuará. Quando o diferencial está no foco estratégico, geralmente, a vantagem competitiva não é sustentável, já que pode facilmente ser copiada pela concorrência. Um exemplo citado nesta obra envolve a Mundial Atacadista, que buscou, inicialmente, diferenciar-se mediante atuação em determinada região do País, mas foi rapidamente copiada quando outros concorrentes também iniciaram operações no local.

Por outro lado, quando a empresa é capaz de estabelecer um diferencial no posicionamento estratégico, a cópia fica mais difícil. O posicionamento envolve essencialmente a forma como a empresa ou marca é vista pelo mercado. Ele é transmitido, portanto, de acordo com as definições da empresa quanto às características do produto ofertado, do preço, dos canais e das linguagens utilizadas na promoção: os 4Ps do marketing. É partir desses aspectos que o cliente constrói a imagem da empresa em sua mente. Um caso mencionado neste livro e que ilustra bem esse ponto é o das Havaianas. Na década de 1980, o portfólio restrito de produtos envolvia uma sandália, vendida a preços baixos, em diversos estabelecimentos comerciais pelo País e promovida por meio de um *slogan* focado em aspectos objetivos do produto: "Não deformam, não soltam as tiras e não têm cheiro". A mudança no posicionamento mercadológico das Havaianas para um posicionamento de moda nas décadas seguintes fica ainda mais clara, quando observamos a mudança do porta-voz da marca: se antes era o Chico Anísio, voltado para a comunicação mais popular, depois passam a ser modelos e atrizes, reforçando essa nova imagem perante os consumidores.

Por fim, o diferencial baseado na eficiência busca excelência operacional. Obrigatoriamente, é o diferencial a ser buscado quando se está em meio a um processo de *turnaround*, ou quando se opta por um posicionamento baseado em custo e escala. Requer processos otimizados e alinhados, obtidos a partir do trabalho de revisão das atividades da empresa, do investimento em automação e das relações com cliente e fornecedores, para que se conquistem maiores volumes com custos menores e menor necessidade de capital de giro.

## Disciplina

Como colocado anteriormente, a disciplina na execução diz respeito ao cumprimento do plano de ação derivado do planejamento ou das correções de rumo identificadas nas reuniões de execução da estratégia. O que mais observamos são executivos preocupados exclusivamente com as tarefas cotidianas, de curto prazo, desconsiderando o plano estratégico traçado para a empresa. Não podemos permitir que o operacional nos consuma a ponto de negligenciar a estratégia. O "apagar incêndios" não pode tirar o foco do desenvolvimento das prioridades da empresa. Ter disciplina na execução do plano contribui para que as ações listadas para o alcance da ambição e dos objetivos estratégicos não sejam deixadas de lado.

Importante ressaltar aqui a questão da humildade. Mais de uma vez, vimos na prática como a falta de humildade é capaz de fazer com que os executivos subam sua linha de visibilidade. Nessa circunstância, pode ser que alguma ameaça externa comece a surgir e seja ignorada, simplesmente porque os executivos não a enxergam como uma ameaça potencial – até que se torne uma. E, quando veem, já é tarde demais.

Como colocado por Jim Collins,[18] a falta de humildade traduzida em arrogância é o primeiro passo de como caem os poderosos. Ela nos leva a ignorar concorrentes e desprezar clientes, trazendo riscos ao negócio. A disciplina nos ajuda a ter essa visão de mercado e nos força a constantemente a analisar e discutir os movimentos da indústria de forma sistemática, para que nada passe despercebido. Precisamos ser disciplinados e humildes durante a execução da estratégia para criarmos condições favoráveis a fim de que análises de aspectos importantes do mercado sejam sempre levadas em consideração.

## Alinhamento

O alinhamento é fundamental para que esforços sejam empregados em torno dos mesmos objetivos. Envolve não apenas o compartilhamento da ambição pelas pessoas da empresa, mas também a aderência dos processos e o orçamento à estratégia definida.

Frequentemente, quando iniciamos as discussões de acompanhamento da estratégia, não está claro a priori quais tecnologias, pessoas e processos

---

[18] COLLINS, J. **How the Mighty Fall**. Harper USA, 2009.

estão desalinhados. É a partir das reuniões de resultado que conseguimos identificar falhas, lacunas e levantar quais pessoas e processos não estão conseguindo entregar o que propõem ou quais tecnologias estão insuficientes para embasar as operações.

Na In Press, por exemplo, o sistema informacional era fragmentado, prejudicando a integração entre os processos e as diferentes áreas. A integração era justamente a ambição da empresa e tinha, portanto, sua concretização prejudicada. Sendo assim, uma das demandas que surgiu ao longo das reuniões de monitoramento foi a necessidade iminente de substituir o sistema ERP e unificar seu uso em todas as áreas da empresa. Na Açometal, o foco foi no alinhamento das partes que compunham o processo logístico, identificando interfaces problemáticas e áreas com desempenho inferior. Para levantar esses pontos de atenção, foi fundamental o uso do indicador OTIF (*on time in full*), % de despesa logística/receita líquida e o acompanhamento sistemático de cada um deles.

Outra ferramenta que precisa ser alinhada à estratégia é o orçamento. Ele é importante para alinhar a necessidade de recursos financeiros à execução da estratégia, na medida em que permite controlar custos, despesas, investimento e, principalmente, necessidade de capital de giro. É sabido que empresas podem quebrar durante o processo de crescimento, exatamente por não haver controle entre a proporção de investimentos e a capacidade de geração de caixa.

### Time campeão

É importante ressaltar que há certo encadeamento entre os fatores que compõem os segredos do sucesso. Sem assegurar a ambição, o diferencial, a disciplina e o alinhamento, não é possível construir um time campeão. Isso porque o time campeão envolve não apenas quais pessoas foram escolhidas e suas competências, mas também onde essas pessoas estão alocadas e de que forma estão sendo estimuladas. O objetivo é garantir as pessoas certas nos lugares certos, estimuladas na medida certa, dando espaço para realizarem seu potencial. Algumas pessoas podem ser desafiadas de forma mais intensa e mais constantemente, pois sempre vão conseguir se entregar.

Um ótimo exemplo é o da Apsen, na qual vimos que um dos gestores poderia ser mais bem aproveitado sob o comando de outro diretor: a diferença de desempenho foi gritante. Ou o caso da In Press, em que faltava desafiar melhor determinada gestora – cada novo desafio, sempre cumprido, era uma motivação a mais – qual era seu limite? Ou o caso da Açometal, em que colocamos como principal executivo um talento mal aproveitado e que superou todos os desafios.

Algo que ficou claro em todos os casos foi a importância do engajamento emocional para a equipe campeã. É a pessoa que se preocupa com o resultado dela, que é dona do resultado dela e, por isso, se envolve com o próprio desempenho. Deve ser conquistado por meio de uma ampla comunicação da estratégia e do desdobramento dessa estratégia para o nível individual, para que entenda sua contribuição sobre o resultado global, mas, principalmente, por meio da inclusão de cada um na tomada de decisão das iniciativas que as afetam. Ora, se a participação é fundamental, a execução da estratégia inicia-se na definição da metodologia de planejamento: em que medida decidimos envolver ou não as pessoas em cada uma das etapas do processo, desde seu início.

Nos casos apresentados, começamos com a cúpula da organização e passamos a envolver as pessoas aos poucos. Os executivos devem ser os patrocinadores do processo estratégico. Sem o envolvimento da alta direção, fica mais difícil envolver os demais e preparar os gestores para ouvirem mais e permitirem maior participação. Muitas vezes, o nível operacional não está preparado para discutir estratégia, mas também ocorre de o nível mais alto não estar preparado para ouvir o nível operacional; ambos precisam ser trabalhados e desenvolvidos. A implantação de um processo participativo deve ser feita com atenção e planejamento.

Ademais, como mencionado na seção sobre ambição, a busca por reconhecimento no mercado é um importante *driver* de engajamento emocional. Os executivos querem participar das melhores empresas e se engajam na construção de uma delas.

Devemos ter em mente que a formação do time campeão consiste em um processo contínuo, na medida em que buscamos criar uma equipe capaz de aprender. Uma equipe que aprende é aquela que vai entendendo as reações do mercado e as formas como suas ações geram reações e contribuem para os resultados. Entender essas reações do mercado ajuda a melhorar a qualidade da estratégia. Para essa equipe, o primeiro planejamento nem é tão relevante em termos de qualidade. A ideia é partir logo para a execução. Uma metodologia mais ágil permite um aprendizado constante e correções de rumo de forma mais veloz, melhorando a qualidade da estratégia.

Iniciamos este livro falando sobre os desafios enfrentados pelas empresas. Como estruturar uma estratégia que garanta crescimento sustentável? Como assegurar capacidade de execução dessa estratégia?

Traçamos uma metodologia capaz de auxiliar os trabalhos em negócios que buscam crescer ou negócios que buscam superar crises. Passamos por casos reais de empresas de diferentes segmentos, para identificar quais aspectos foram fundamentais, a fim de que conquistassem resultados acima da média.

Esperamos que, com isso tudo, sejam respondidos seus questionamentos. Queremos que essa metodologia possa ser difundida e aplicada em contextos ainda mais diversos, auxiliando na execução da estratégia e na conquista de melhores resultados nas empresas.